刘美芳 ○ 主编

陪伴是最好的教育

江西教育出版社
JIANGXI EDUCATION PUBLISHING HOUSE
·南昌·

赣版权登字-02-2024-153
版权所有 侵权必究

图书在版编目（CIP）数据

陪伴是最好的教育 / 刘美芳主编. -- 南昌：江西教育出版社, 2024.3
ISBN 978-7-5705-2903-2

Ⅰ.①陪… Ⅱ.①刘… Ⅲ.①儿童教育－家庭教育 Ⅳ.①G782

中国版本图书馆CIP数据核字（2021）第273089号

陪伴是最好的教育
PEIBAN SHI ZUI HAO DE JIAOYU
刘美芳　主编

江西教育出版社出版
（南昌市学府大道299号　邮编：330038）

出　品　人：熊　炽
责任编辑：范思瑶

各地新华书店经销
江西省和平印务有限公司印刷
700毫米×1000毫米　　16开本　　13.25印张　　160千字
2024年3月第1版　　2024年3月第1次印刷

ISBN 978-7-5705-2903-2
定价：42.00元

赣教版图书如有印装质量问题，请向我社调换　电话：0791-86710427
总编室电话：0791-86705643　　编辑部电话：0791-86710423
投稿邮箱：JXJYCBS@163.com　　网址：http://www.jxeph.com

亲情陪伴是最有效的教养方式

2020年年初,疫情来袭,家长陪伴孩子的时间变长。原来的"相看两不厌"逐渐变成了"相看生厌"。当时,很多家长反映,亲子之间经常爆发情绪冲突,甚至矛盾重重,而且一些家长并不懂得如何有效地进行亲子沟通和陪伴。鉴于此,刘美芳老师与宝安区六个区级工作室发起了"双翼护航,伴你成长"家长公益营。活动为期两个月,每周由家庭教育指导师、骨干教师等轮流为家长讲述如何高质量陪伴。主题涉及家庭氛围、亲子沟通、习惯培养、学科学习等方面,这些内容最终汇聚成了这部著作——《陪伴是最好的教育》。这本书对父母来说非常有指导意义,同时提出来一个如何进行高质量亲子陪伴和有效亲情交流的课题。

陪伴的本质是一种教育,但陪伴不是指围着孩子转,而是带孩子融入生活,父母要做有智慧的护航员、做讲科学的同盟军、做快乐教育的教练员,让孩子感受父母的最好状态,建立良好的亲子关系,父母与孩子彼此信任、相互理解。发展心理学告诉我们,孩子是通过模仿来学习的,父母是孩子的第一任老师,在孩子面前要时刻注意自己的言行举止,让孩子养成良好的习惯,为孩子树立正确的价值观。

捷尔任斯基说:"只有用爱培养出来的孩子,才能成长为父母喜欢的样子。"爱因斯坦说:"只有爱才是最好的老师,它远远超过责任感。"父母双方都要参与到孩子的陪伴中,不能缺少任何一方,每一个优秀的孩子背后,都是父母在奋力托举。

父母之爱子，则为之计深远。在孩子成长的每个阶段，父母都要学会放手让孩子做自己力所能及的事，让孩子承担必要的家庭义务和责任，给孩子创造锻炼的机会，在无形中培养孩子的独立性，让孩子拥有健康的体魄和健全的人格，孩子未来的道路才会更加宽广。

尊重陪伴，放低姿态，平等交流。想要孩子理解父母，父母首先就要学会理解孩子，用心关注、用心倾听、用心帮助，放下所谓的家长权威，以平等的姿态与孩子进行沟通和交流，多陪孩子做他喜欢的事情，而不是强迫他做你想让他做的事。让孩子多表达自己的想法和感受，耐心地听取孩子的意见，给予孩子应有的尊重和信任，帮助孩子发现问题并解决问题。

耐心陪伴，控制好情绪。父母的情绪，藏着孩子的未来。如果连自己的情绪都控制不好，何来陪伴呢？在如今教育焦虑的环境之下，父母总是不停地催促孩子学习，报各种各样的兴趣班，想让孩子赢在起跑线上，这只会让孩子变得焦虑和紧张，无法愉快和谐地进行双向沟通，只有父母的状态、心境、情绪调整好了，才能提高陪伴的质量，帮助孩子正确认识自己，找到最合适的成长道路。

陪伴的路上相互促进，共同成长。教育学家苏霍姆林斯基说过："每个瞬间，你看到孩子，也就看到了自己；你教育孩子，也就是教育自己，并检验自己的人格。"孩子就像一面镜子，孩子身上的缺点，其实是父母教育的缺陷，你想要孩子成为什么样的人，首先你就要成为什么样的人。父母的各方面素质直接决定了孩子的总体素质，父母的一言一行，都在潜移默化中影响着孩子。优秀的父母，在陪伴孩子学习的过程中也在不断进步，努力跟上孩子的步伐，做好孩子的引路人。

每一次的陪伴都是不可逆的。愿每个父母在陪伴孩子的过程中能够多一分耐心和理解，珍惜陪伴孩子的每一刻，给孩子一个健康快乐的童年！

亲子陪伴是儿童身心健康成长的永恒主题。现代社会，迫于工作与生活的压力，父母双方大多无暇顾及孩子，于是选择将孩子交给祖辈看管，并用物质满足的方式弥补孩子。然而隔代教育并不是最佳的教育方式，再有趣的玩具也不可能代替亲子陪伴。作为父母，忙碌不应该成为忽视孩子的借口，工作和陪伴并不是完全对立的存在，共读一本书，共同装饰一幅画，共同玩亲子游戏，共同做家务，共同去户外运动……陪伴并没有我们想象的那么困难，看似细碎的日常时间同样可以实现陪伴。

工作可以重做，电视剧可以重播，但是孩子的童年却是一去不复返的，一旦错过了陪伴的时间，就很难再弥补了。父母要正视自己肩上的责任，增强陪伴意识，增加陪伴时间，珍惜与孩子相处的机会，与孩子共同成长！

情感交流是孩子心理安全和人格健康的源泉。《2019年中国亲子陪伴质量研究报告》指出，当前中国亲子陪伴的一大痛点——父母宣称的"陪伴"，只是"陪着"，而没有意识到陪着不等于陪伴。家庭教育中，我们常常见到父母坐着玩手机，孩子在一旁自顾自地玩玩具。父母们认为自己坐在孩子身边，那就是陪伴，哪怕拿着手机，哪怕看着电视，哪怕心不在焉地回应孩子……成人的陪伴往往停留于空间层面，而孩子需要的陪伴却不是这样的，他们希望父母放下手机，忘记工作，认真地关注自己，和自己一起快乐地玩耍。

光有意识和时间还不够，陪伴中的情感交流也是相当重要的。陪伴不是任务，而是一种享受，只有当我们全心全意地参与进去，才会感受到爱的双向流动。亲子之间的亲缘性具有不可替代性，亲情关系对于儿童心理安全和人格健全发展具有深远的影响。

在家庭教育实践中，我们总结出一道公式：家庭生活方式 + 亲子陪伴和沟通方式 = 家庭教养方式。家庭教养方式决定孩子的成长方式。但是，我们的家庭教养方式正确、恰当吗？父母与孩子的亲子陪伴是真正的心理陪伴、情感陪伴、有效的陪伴吗？

根据我们多年对家庭教育的探索研究，我们发现亲子教育三大法宝：第一，亲情陪伴；第二，心理沟通；第三，成长激励。而我们对亲子陪伴的认识是：1. 陪伴方式影响成长方式。亲子陪伴方式决定交流习惯，亲子陪伴方式影响亲情关系，亲子陪伴方式关系未来幸福。2. 陪伴不仅是时间，更重要的是有效，有效的亲子陪伴是亲情陪伴，真正的亲子陪伴是心理交流。3. 最有效的陪伴方式是静心倾听，最实用的陪伴方式是阅读交流，最好的陪伴是愉悦的家庭生活。

以一点体会和感悟与各位分享。

是为序。

李季

（作者系广东第二师范学院教授，广东省家庭教育研究会会长）

自序

2020年年初，一场突如其来的新冠肺炎疫情让孩子们的寒假变得很长。

陪伴，是世界上最重要的事，绝大多数父母的一大难题是没有时间。记得有句话这样说道："所谓成功，就是有时间照顾自己的小孩。"现在我终于有时间跟孩子在一起了，但是怎么陪伴，这是值得思考的问题。

美国教育学家莎莉·路易斯在她的作品《唤醒孩子的才华》中写道：两年前，有人研究哪些因素促使孩子在学习能力倾向测试上得高分。智商、社会条件、经济地位都不及一个更微妙的因素重要，那就是，得高分的所有孩子都有父母高质量的陪伴。

涂南萍老师是深圳市宝安区家庭教育的专家，我俩都很想在这个特殊时期帮助家长提高陪伴质量，从而帮助孩子不荒废这个漫长的假期。于是我们联合我区六个名师工作室（宝安区涂南萍家庭教育工作室、李雪静名班主任工作室、张开亮名班主任工作室、李爽名班主任工作室、黄绍芳名班主任工作室、樊万清名班主任工作室），一起做这个"双翼护航，伴你成长"家长公益营。

我们的讲课专家都是来自一线的骨干教师，他们不仅专业过硬，在家庭教育方面也颇有研究，他们定期给我们分享的主题包括如何关爱自己与家人、如何帮助学生培养科学合理的作息习惯、如何帮助学生做网络学习的主人、如何帮助学生提高学习效率、如何帮助孩子用成长型思维去应对挑战、怎样以目标教育激发学生学习积极主动性、宅家亲子阅读方法指导、（居家）活动中的本色习作指导、学科学习方法指导等。当然我们也结合家长的需求适当调整了主题。

整个活动过程中，我们的专家、老师们精心准备讲稿，家长们积极提问，乐于分享自己的收获。

相识是缘，相知是福，在这特殊时期，是缘分让我们聚在一起抱团取暖。在我区教育局领导、宝安区名班主任工作室主持人的大力共推下，以及各位家庭教育专家、骨干教师、各位家长的倾情相助下，我们的孩子在空中课堂期间，陪伴有了质的提升，离梦想又前进了一大步！

此书稿，缘于疫情，但是无论疫情存在与否，家庭教育是永恒的话题。我们将在这条道路上继续探索，助力每一位用心成长的家长朋友们！

刘美芳

目录

家庭氛围 | 001

孩子需要一个有爱的家　戴花妹　| 002

用对方法，让陪读更轻松　吴　爽　| 008

线上读书会活动分享　刘海霞　| 015

亲子阅读方法指导　王　姝　| 024

一个父亲眼中的家庭陪伴　张开亮　| 031

亲子沟通 | 037

转变思维模式　让成功更有可能　翁丽丽　| 038

怎样和青春期的孩子沟通　李雪静　| 046

构建健康亲子关系：不做"煤气灯"父母　李　姮　| 055

生命教育 | 061

如何对孩子进行生命教育　池心延　| 062

如何提升孩子的自信心　郑明凤　| 068

宅家期间，关注青春期孩子的心理成长　郭少云　| 074

孩子不自信？家长请先自信　张　丽　| 081

❋ 习惯培养　|085

学习中的目标管理　洪　洁　| 086

帮助孩子形成科学作息习惯的小窍门　彭　丹　| 095

父母如何引领孩子做好时间管理　蒋雅丽　| 098

如何引导孩子自主学习　樊万清　| 104

家长如何帮助孩子培养自律习惯　潘代新　| 110

孩子需要与网络对抗还是共处　徐国秀　| 114

专注力"加减法"，让爱更有力量　李志群　| 122

孩子软硬不吃？那就软硬不施！　欧钰微　| 127

孩子没有礼貌，怎么办　徐开光　| 132

❋ 学科学习　|135

积累为本，方法为要——语文学习方法指导　刘美芳　| 136

数学方法指导　曾志强　| 144

家长如何在英语学习上助孩子一臂之力　刘米竹　| 152

初中历史学习方法分享　李　爽　| 161

家长指导 |169

用最贴心的方式做孩子的精神引导者　涂南萍　| 170

父亲，别忘了您的"主业"　刘美芳　| 173

如何给予家长最暖心的指导　刘美芳　| 177

疫情防控期间如何给家长适当的指导　胡永宁　| 184

家长怎么配合老师　罗燕惠　| 188

青春期孩子过度爱美，家长可以怎么做　张嘉旎　| 192

家庭氛围

孩子需要一个有爱的家

戴花妹

我分享的主题是"孩子需要一个有爱的家"。为此，我们需要从关爱自己开始，只有自己"爱的能量杯"盛满了爱，我们才能把关爱带给孩子、带给家人。

首先邀请大家和我一起做一次"深呼吸"。

请大家选择最舒服的姿势坐在椅子上。挺直腰背，轻轻地闭上双眼。放松我们的面部表情，舒展眉心，嘴角微微上扬，肩膀放松。聆听轻柔的音乐。用鼻子深呼吸，吸气——呼——深深地吸——慢慢地呼出，很好。

想象一下，在美丽的星空下，当人们沉睡的时候，另一个神秘的世界却苏醒了过来，流泉唱得更响亮，山上的精灵们自由自在地来来往往，空气中充满树木生长的声音。舒缓的音乐流入心田，心情变得豁然开朗。身体也得到了放松。你变得越来越美丽，也越来越自信，你的生活充满阳光。

在平常的生活中，我们可以怎样爱自己呢？

一、安顿身心，聚焦当下的训练

让自己的身心安顿下来，少一点焦虑，多一点平静，让积极的正念慢慢回归。全方位发掘我们的感官能力，利用我们的触觉、听觉、嗅觉、味觉、视觉等感觉器官真正地活在当下。这是心理学中正念疗法的精髓之一，也是我们可以教给孩子的很好的生活理念及行为实践。

譬如，我们可以在洗手的时候感受水流与手接触时的丝滑，感受洗手液的泡沫在手上跳舞；我们在走路的时候去感受大地对我们双脚的承载；我们在吃饭的时候闻闻饭菜的香味，通过咀嚼食物感受大自然对人类的馈赠；我们可以眺望窗外，感受微风拂面，聆听小鸟的欢叫；我们可以在应该入睡但思绪万千的时候，及时审视自己的想法与情绪，从而将注意力转移到自己的身体上，体察我们的呼吸，放松我们的身体，进入高质量的睡眠中。

昨天下午的阳光很好，我的朋友说她女儿在阳台享受出国游，趴在踏步机上好久没动。

"妈妈，我数了数刚才这段时间有25架飞机起落。"

"你真有耐心，有什么新发现吗？"

"我发现天上飞机比十天前多多了，之前好久才有一架。看来爸爸说的是对的，复工的人越来越多了。"

"你能见微知著，真是有趣。"

安抚思绪的正念训练，无形中也在影响着孩子，孩子的专注力和思考力都在提升。

就算是日常的生活里遇到临时有通知、有任务，也用积极的正念引领自己：我们有能力为学生、为患者、为家人、为他人做些事情，这是幸福的和幸运的。只有身心健康的人才能有效地帮助别人，我们奉献自己，陪伴家人，支持学生，帮助患者，让更多人受益。总之，觉察到自己生活在当下，我承认和接纳当下发生的一切，我有能力慢慢处理好。

二、相信自己就是最好的家长

夜深人静的时候，回想孩子白天跟你抱怨、争吵、耍脾气的那些堵心小事，很多家长都有一些自责或内疚的心态，觉得自己没有完全做好对孩子的教养工作。这种心态的好处是促使自己寻求和学习更多的知识，以提高协调亲子关系方面的能力，这样的家长相比那些总是自认为做得很对、一出现问题就责怪环境或孩子不好的家长来说，心态更积极。但坏处是无形中传递给孩子一种信念：家长的确对不起我，欠我一些东西。这样的孩子往往会不断索求，每次吵闹时都会得寸进尺，让家长难以招架。

其实，为人父母，我们对孩子已经尽心尽力了，都是把自己所有的最好的东西给予孩子，我们对孩子的爱及良好动机超过100分。家长其实无须责怪自己，尤其是当我们和孩子的沟通存在问题的时候，作为家长的我们必须建立一个清晰的信念：我已经给了孩子我可以做到的最好的了，同时，我会继续寻找和学习能做得更好的方法。以这样积极的心态对待自己和孩子，相信孩子也可以从中感受到父母传递的自信，接受正确有效的教育。

怎么关爱家人呢？倾诉和沟通本身具有疗愈的功效，倾诉有了对象，诉说者就有了陪伴；诉说者尽情吐露心声，情绪得以宣泄；有人专注倾听，诉说者得到支持。在这个非常时期和家人聊聊天，和孩子说说童年的趣事，谈谈将来的梦想，看着孩子的眼睛，做心灵沟通，让身心真正放松平静下来。

下面三个话题可供大家参考：

话题1：关于引起本次疫情的新型冠状病毒，有各种说法，甚至是谣言，我们该如何判断这些消息的可信度和科学性？关于预防传染病，我们从这次疫情中学到了什么？

话题2：2003年"非典"席卷中国，当时全国最大的磁盘销售商"京东多媒体"差点倒闭，而网上销售帮他们撑过了那段艰难的时光，刘强东发现电子商务时代即将来临，之后他创立了"京东商城"，成为中国第二大电商公司。阿里巴巴、新东方、携程旅行等知名公司，都在撑过"非典"之后迎来了井喷式的发展。这次新冠病毒疫情，你预测会带来怎样的机遇和改变？

话题3：疫情过后，你最想做的10件事情是什么？每个人各自写下10件走出家门想做的事。轮流说出来，发现有重叠的就备注上。

往往会有三五件事是全家人都写了的，那就可以就这几件事继续讨论，看哪些事可以一起做，哪些事需要帮忙，哪些事谁来策划。

你可以从中感受到，其实写下具体的10件事情，并不容易。念出来再讨论，说不定还会不由自主地去评价对方、强加要求。

你也可以从中觉察到，那些与你不同的事情，在爱人心里、孩子心里原来那么重要。比如你喜欢看电影，往往希望拉上孩子一起，孩子写的却是去游乐园玩，爱人希望周末去爬山，他／她是真的在乎全家人锻炼身体这件事情。

怎么把关爱传达给孩子呢？

三、在相互陪伴中成长

目前，孩子们居家上学，这对父母居家上班的多子女家庭是个挑战。若是遇上孩子沉迷上网、玩游戏，失去自控力，那的确是个大挑战。可我们不妨转念一想，孩子渐渐长大，以后恐怕很难有这么长时间与我们朝夕相处了。所以，我们不如好好珍惜这段难得的时光，帮助孩子通过持续不断的努力，养成好的学习习惯。

1.信任鼓励

要认识到现在的学习者受互联网影响巨大，他们是互联网时代的原住民。线上学习已然成为孩子们汲取知识的重要方式。因此，对孩子要给予充分的信任，相信他们可以在此种学习模式下，获得更大的学习成就。

多鼓励孩子。要知道，自信的孩子是"夸"出来的，尤其是当孩子学习遇到困难的时候。一个同事陪孩子跳绳，孩子跳几个就踩绳，一次又一次地试，跳了七八回，最多的一次也就跳九个，眼看孩子越来越沮丧，同事对孩子说："虽然你这几次都跳得不多，还非常辛苦，但你一直坚持挑战自己的极限，你一定是坚信自己下一次比这一次更好才这么努力去尝试的吧？不知不觉你的总数也突破60个了，这种坚持不懈的力量真是惊人！"孩子听了，会心地笑了，对跳绳这项运动保持着热情。

2.协作陪伴

孩子在家进行网络学习，需要父母给予一定程度的帮助和指导。

由于在家，协作变得有无限可能，甚至可以通过游戏学习、室内运动来改善亲子关系。小一点的孩子可以在游戏中学习，比如用纸盒做一个大骰子，六个面分别写上词语或数字，在玩的过程中学习。

父母可以作为学习的同伴，和孩子一起探讨学习规划。如果开学后一段时间只能通过网络在线学习，询问孩子打算怎么办，还需要什么帮助……适时给孩子自主管理的空间，促进孩子内在学习动力。

3.关心对话

不管学习在什么场景下发生，其主体依然是孩子。线上学习有可能让孩子存在不适应，比如焦虑、自闭等，因此，父母要关注其情绪，经常与其开展深度的对话。一方面，父母可以主动把自己的担心和顾虑告诉他们；另一方面，也要听取他们的心声和建议。

很多高年级的孩子在阅读和作文方面遇到问题，其实问题可能不在学习上，而在生活中。比如这些问题：面对疫情你有什么看法？"蜗居"在家你现在什么感受？在这段时间你领悟到了什么？社会热点和人文学习比书本知识更重要。在相处中，父母和孩子平等对话，互相尊重，鼓励孩子真实地表达，无形中他就能理解语言文字背后的含义，能够更细腻地体察人情冷暖。

特别强调的是，陪伴的时间因人而异。年纪越小的孩子，越需要父母的陪伴，父母的引领作用也非常明显。而年龄越大，尤其是青春期的孩子，自我意识发展越快，父母需要给孩子足够的空间，尊重孩子的意见。

总之，希望今天的分享能帮助你营造一个有爱的家，让这段特殊时光变得美好而难忘。

用对方法，让陪读更轻松

吴 爽

前几天，我的好朋友跟我说，受疫情的影响，全家人从过年开始就在家闭关，刚开始还其乐融融，可是没过几天，读三年级的儿子就不受管了，看电视、看手机的时候那个精神抖擞，可是一提学习就垂头丧气了，让写作业也不写，各种磨蹭，各种借口。以前常用的鼓励、表扬等教育方法越来越不管用，讲道理，甚至打骂都不管用。随着空中课堂的开始，生活似乎更加忙乱了。看到班里其他孩子自觉地学习、运动打卡，她好着急，好希望孩子能够主动学习。其实，有她这种困惑的家长还是挺多的，在我平时的工作中，也经常有家长跟我抱怨孩子学习效率太低、拖拉磨蹭、注意力不集中，陪读陪得心累。那么，为什么会出现这样的现象呢？到底该怎样陪伴孩子，才能轻松又高效呢？为了解决这个问题，我听了很多相关的课程，也研读了很多相关的书籍，今天就跟大家分享一下我学到且实践过的比较有效的做法。

我们的大脑神经有两种活动，一个是兴奋，一个是抑制。如果想要孩子高效地完成学习任务，就需要他在学习这件事情上兴奋，而在其他的事情上抑制。比如写作业时，他玩起了橡皮擦，这时候他要告诉自己，不要玩，把玩橡皮擦的兴奋抑制掉，把所有的神经能量都集中在学习这一件事上。在这个过程中，抑制的力量越强，孩子就会越专注。但是，最大的困难就是抑制控制属于我们大脑额叶的功能，而额叶要在14岁左右才能够发育成熟。这意味着在整个小学阶段，孩子大脑的抑制控制功能都会很弱，他没有办法去很好地抑制。小动作多、不专注都是这个原因。所以，要想陪读轻松，帮助孩子提高学习效率，就要帮助孩子排除干扰，集中学习。如何做呢，这里有几个小建议。

一是营造良好的居家环境。良好的居家环境会让人感到心情舒畅。房子无论大小，保持干净整洁，物品摆放有序，在这样的环境里生活的孩子更愿意做出规矩的行为。试想一下，家里乱糟糟，书桌周围也是堆满了各种物品，杂乱无序，孩子会有什么感受？我想孩子也会感觉到烦乱，很难安静下来。年龄越小，对学习的硬环境要求就越高。在孩子学习时，为了避免孩子更多地去运用抑制的力量，书桌上只放与本学科学习相关的资料和文具，其他无关的东西都收起来。桌子干净了，孩子就不需要费心去想其他东西，只要安心学习就好了。

二是营造学习型的家庭氛围。氛围是什么？氛围就是在彼此之间形成的一个"场力"，在这里，我们感受着一种共同的气氛——当你平静的时候，我也平静；当你专心的时候，我也专心。反过来，当你急躁的时候，我也急躁；当你烦乱的时候，我也烦乱。为什么会这样？因为我们每个人的大脑里边，都有个重要的神经元——镜像神经元。当你看到别人在做一件事的时候，你的大脑像照镜子一样，把他的行为映射进来了，然后你做出跟他一样的事。也就是当他做事的时候，你看到他做事，你也唤起了做同样事情的愿望。

那么，如何去创造一个让孩子能够静心学习、主动学习的氛围呢？我认为，父母要起到榜样示范的作用。你希望孩子学习，那你也得有学习的状态。如果孩子在家的时候，每天都看到父母拿着手机追剧、看娱乐节目，从来没看到过父母为一件事情去专注努力的样子，那孩子就会向往父母这种生活，自然也就没有想去学习的欲望了。另外，在孩子学习时，父母要创造静心的气场。孩子在学习，你在玩手机，学习是要专心的，玩手机是很轻松的。你是轻松的氛围，他是专心的氛围，这两种氛围不一样，孩子就会表现得很浮躁。怎么办？他学习的时候，你也学习，他专心的时候，你也做一件让你能够静心、专心的事，这时候你才能够去理解他，你们之间才能够同频。

三是规律作息，劳逸结合。有一句话说，想要孩子学习效果好，就要让孩子睡得饱。所以，一定要让孩子保证充足的睡眠，并且做到劳逸结合。制订合理的作息时间表是非常有必要的。为孩子建立规律的作息，让孩子劳逸结合是提高孩子学习效率的重要保证。尤其是专注力差的孩子，一定要保证充足的睡眠和足够的运动量。

四是父母要和孩子创造积极的情感链接。我们在陪孩子学习的过程中，看到孩子的不良习惯难免会感到生气、焦虑。焦虑完之后，就会打、骂、吼，孩子一害怕，就会激发他身体中的一个本能反应——战斗逃跑反应。这一反应使孩子的理智脑思考变慢，让孩子感觉到自己不爱学、不会学。于是，孩子就跟你的负面情感相连接了，这就形成了一个负面循环。为了避免这样的情况出现，我们首先要调整心态，遇到控制不住自己的时候，心里默念10个数让自己冷静下来，然后尽快想办法，找优点，鼓励孩子，让孩子得到积极的情绪体验，因为积极的情绪会让大脑神经的兴奋增加，从而提高学习效率。

有研究发现，两个平时水平相当的孩子，在考试前，当我们通过一些情境去触发其中一个孩子的愉快心境时，他的考试成绩会高于心情一般的孩子，所以，大脑表现最好的一刻不是在他消极或心境平平的时候，而是在他快乐积极的时候。巴菲特曾说："我喜欢我的工作，我每天都是跳着踢踏舞去上班的。"如果孩子能够说："我喜欢学习，我每天都是跳着踢踏舞去上学的。"那我们父母就可以跳着踢踏舞去做事了。我们如何激发孩子的积极情绪，使其快乐学习呢？一是转换身份。当我们发现孩子学习状态不好的时候，我们就把孩子当成别人家的孩子，跳出原来的陪学状态，让自己的情绪脑冷静下来，迅速地找到解决的对策，让孩子有更多的积极情绪。二是设置心锚。第一次接触"心锚"这个词，是我在上神经语言程序学课时，老师教我们设置心锚。当时觉得这个很有趣，可以给孩子设置一下。各位家长在家也可以试一下，在孩子表现好的时候将好心情保留下来，比如孩子今天学习状态很好，快速且高质量地完成了作业，那我们可以拍拍孩子的肩膀说："全神贯注，就是做得又快又好！"下次他一坐下来学习时，就拍拍孩子的肩膀说："全神贯注，就是做得又快又好！"训练几次，孩子一坐下来写作业时就会把好情绪调动起来。父母和孩子之间也就建立起了积极的情感链接。

有了情感的铺垫，接下来，我们就要引导孩子自主管理学习。孩子能够自主管理学习，有一个基础，那就是孩子对待学习有足够的学习动力及恰当的学习方法。那孩子在自主管理学习方面，最大的难题是什么？一是条理的问题，二是专注度的问题。解决条理的问题，我们可以指导孩子学会建立清单。我们在平时工作中都会列一个清单，本周有哪些事要做，每天有哪些事情要完成，按照轻重缓急排序，以提醒自己。孩子在学习中同样需要建立这样一份清单：今天我要完成哪些作业，每科作业大概需要多长时间完成，明天上课需要带哪些东西，今天老师有没有什么特别的交代，等等。一来提醒自己做事的顺序；二来清空大脑，不占用大脑资源，让孩子在做作业时心无旁骛。指导孩子列清单时，有几点需要注意的地方：1. 列清单时的顺序要由易到难，将简单的、自己喜欢的列到前面。2. 每天的顺序要基本固定。因为如果顺序基本固定，那么孩子就会形成习惯，这样孩子就会心里有数，他做起来就会有掌控感。注意一定要让孩子自己去决定顺序，不同的孩子顺序也不一样。3. 最好让孩子自己整理清单。这样，孩子就会慢慢地把整理清单这件事情变成自己的习惯。以后不管是写作业，还是进入社会做工作，他都会习惯于先用脑袋去理一遍，这样就会形成他的工作思路。4. 中途如果想起来有事情需要补充进去，那就立刻简单记录到清单上，继续做当前的作业。待手上这件事做完后再仔细思考补进去的这件事该如何安排。在使用清单时，有一点很关键，就是孩子每完成一个任务就打一个钩。我发现这个钩很神奇。最近，我在陪我女儿进行幼小衔接的学习，其中有一项就是认字，我写下来大概200个字，跟她玩认字游戏，会的就打钩。我发现这个钩有神奇的魔力，每打一个钩，她都好像获得了一份成就感，每天看着打过钩的字说：“我还要继续努力，争取让每个字下面都打上钩。”女儿识字的欲望一下子就被燃起来了。所以，清单上要给孩子留一个打钩的位置，每完成一项打一个钩，等到清单上的事情全都做完，打满了钩后，他也获得了一份成就感。

那么，如何解决孩子专注力的问题呢？在这里推荐"番茄钟"法。不知道大家有没有发现，有些孩子放学回家就坐在那里写作业，忙到很晚都没有完成一项，看着让人着急。这就是专注力不够导致的学习低效。我们不妨试一下"番茄钟"法。"番茄钟"法是用计时器定时来进行时间管理的方法，这种方法是把任务分解成 30 分钟一段，每 30 分钟里，集中精力学习 25 分钟，然后休息 5 分钟，这就是一个"番茄钟"。完成 4 个"番茄钟"后，休息 30 分钟。这个"番茄钟"法很神奇。因为平时我们脑海中总是有太多的事不知从哪儿入手，这种压力，总是让我们不愿意开始行动，于是便往后拖延。而"番茄钟"法的特点是进入一个"番茄钟"后，我们只专注于当下的事情，将注意力的缰绳拉紧，大脑的全部精力都集中在这一件事情上，效率当然是最高的。

每一个"番茄钟"的开始和结束也都是很神奇有效的。让孩子做好学习的准备后，就准备启动"番茄钟"。当我们把计时器一拧，定时 25 分钟的时候，对孩子来说，这就是一个承诺，承诺他要在 25 分钟之内高度集中注意力。孩子其实是给自己设定了一个心境，下定了一个他要努力学习的决心。"番茄钟"结束时，计时器铃声一响更神奇。这个铃声会给孩子一个特别强的反馈、肯定。好像在说："哇！我做到了！"这会使孩子产生愉悦感。时间久了，孩子会熟悉这种感觉，从一个"番茄钟"开始时就渴望得到完成时的愉悦感。这样，我们通过"番茄钟"拉紧注意力的缰绳，让孩子全身心地去学习。

在使用"番茄钟"法前，家长要做好引导，跟孩子商量好，怎么去划分任务，怎么做学习前的准备，开始计时之前，把这些事情全都列好。一旦开始，父母就是一个旁观者，去暗中观察：他中间走神了吗？在学多长时间的时候容易走神？学哪个学科更能够坚持？哪类任务，是背诵的任务、抄写的任务，还是用脑思考的任务上更能坚持？家长要做一个观察者和记录者。记录他在使用"番茄钟"时有哪些问题，但这些问题不能在他学习的时候说，要找个机会，比如晚上总结下这一天的"番茄钟"运用情况，跟他讨论中间有什么情况发生，可以如何去处理。"番茄钟"法不是一用就立刻有效的，需要根据孩子的具体情况来调整。比如时间，设定多长时间为一个"番茄钟"，应由孩子的使用情况来定。如果你每次设定为20分钟，可使用中发现孩子到十六七分钟时就走神了，那你最好将每一个"番茄钟"设置为15分钟，坚持到15分钟铃响的时候，孩子很容易获得内在的成就感。还有，每次由几个"番茄钟"组成一组比较合适？一般成人用4个"番茄钟"，孩子可以少点，这些都要根据父母的观察结果来设计使用。

　　在使用的过程中，还会有一些小问题出现，家长需要灵活把握。教育是个性化的，需要根据孩子的实际情况去调整。另外，任何一种教育方法都不是"一招鲜"的，都是在不断尝试中寻找到适合自己孩子的方法。

　　以上是我在父母高效陪读方面的一些具体做法，希望能够给大家带来帮助。

线上读书会活动分享

刘海霞

一、家长为什么要读书

1.不让孩子输在起跑线上

一直以来,有一种"不要让孩子输在起跑线上"的说法,怎么理解这句话呢?很多家长认为,要在孩子很小的时候,就给孩子学这个学那个,去这里旅行那里旅行,尽量不让自家孩子的条件比同龄人差,要给孩子找社会上最好的资源,对其采用最好的培养方式,要挣很多很多的钱,等等。我认为父母的素养、智慧、见识、情绪调控能力等,才是孩子的起跑线。换句话说,就是父母能走多远,你的孩子才能走多远。想让自己的孩子不输在起跑线上,父母先要做到自己的素养、智慧、见识、情绪调控能力等不要输给别的家长,怎样才能不输给别的家长呢?如果你已经觉得自己的文化、知识、夫妻相处之道、家庭教育的艺术等水平明显落后于他人,那你打算怎么办,或者你该怎么去努力,才能在这些方面取得长足的进步呢?对,首先是家长要加强自身的学习,包括多听各种家庭教育讲座,多参与一些亲子互动活动,更重要的是要多读有针对性的书籍,才能给自身的成长注入源源不断的动力。

2.做学习型父母，给孩子潜移默化的影响，带动孩子一起学习与成长

孩子是环境的产物，家庭书香氛围的营造很重要。大家都非常清楚地意识到，有怎样的家庭，有怎样的家长，就有怎样的孩子。经常带孩子去做公益活动的家长，会收获有爱心、有责任心、热心社会与公益的孩子；经常带孩子去运动的家长，则会收获爱运动、经常在公园或球场上挥洒汗水的孩子；而经常不着家，或者经常打麻将、喝酒、沉迷于手机游戏的家长，他的孩子可能是沉迷于网络而不可自拔的……所以，你想要你的孩子爱读书、爱学习、爱思考、不沉迷网络、拥有健康的生活方式，作为家长，就要以身作则，做学习型父母，常读书、读好书……

3.降低自身焦虑，和孩子一起成长，做好孩子的人生教练

孩子成长中的问题，很多时候都是一个跟着一个出现，若是不知道怎么去帮助孩子，或者说不知道该怎样去科学理解、客观看待、积极引导孩子去有效应对这些成长中的问题，家长往往就会陷入焦虑，失眠、上火、烦躁，在工作中失误，在家里坐立不安……然而孩子的问题可能非但没有好转，还可能在家长各种不科学决策中恶性循环，导致家长与孩子都越来越焦虑，甚至可能出现焦虑症、抑郁症等心理疾病，医治起来需要大量的时间、精力、金钱，不仅影响孩子的学习，还影响孩子的身心健康。家长的焦虑情绪，会传递给孩子，让孩子更加看不到解决问题的希望；而家长的淡定从容，给孩子传递的却是一种信心，这种信心会帮助孩子在解决问题的过程中，形成积极乐观的思考及应对模式。所以，爱学习、爱读书、善于从书本中和他人的经验中找到良好的问题解决方法及模式的家长，在遇到孩子的问题时，往往成竹在胸、淡定从容、不易焦虑，更容易给到孩子成长的力量与信心，不容易把孩子带到焦虑、抑郁的糟糕境地中去。

4.驱除内心的浮躁，学习一种安静的心灵独处方式

现代社会，家长们的工作、生活压力普遍较大，这些压力让家长们透不过气来。而读书却是一种让心灵快速安静下来的有效方式。如南宋诗人陆游把自己的居室命名为"书巢"，并题写"万卷古今消永日，一窗昏晓送流年"的联句，大致意思是说，他在书房里读书读得很认真，以至于窗外时光飞逝都没觉察，可见读书有让人内心安静的强大功效。

二、家长该读什么书

如果时间允许，家长当然可以想读什么就读什么，多多益善，开卷有益。但是，通常家长很忙，时间很少，精力有限，只能千方百计地逼着自己，抓住对自己的家庭、夫妻、孩子成长最有用、有效的书籍来恶补。我觉得，家长最需要恶补的书籍，主要有以下几类：

1.家庭关系类

一个人的家庭是一个系统，家庭内部的关系处理不好，每个人都可能深受其害。请大家设想一下：家庭关系不好，经常吵架、打架的家庭，会培养出怎样的孩子？有些家长可能认为，家长吵架、打架是大人的事，和孩子没什么关系，孩子照样吃、喝、玩、学习。怎么可能没有关系呢？孩子还那么小，所有的安全感都来自家庭中良好的关系，所有感受爱及爱他人的能力，都来自家长之间爱的流动。如果家庭成员之间的关系不好，大家在家里的心情也不好，甚至是连家都不

想回。一个大家都不想回的家，怎么能给到家庭成员爱与力量？一个连家都不想回的孩子，又怎么会爱自己、爱家、爱父母呢？

而讲述如何经营好家庭关系的书籍有很多，例如：北京出版社出版的《成长的问题》，主要讲述父母与孩子的关系；美国霍华德·穆森的《成长经典》，主要解决家庭关系经营中的各种问题；世界图书出版社出版的《为何家会伤人》，主要揭示家庭中的心理真相；美国威廉·格拉瑟的《不是孩子的错》，主要阐述智慧型父母的亲子相处秘诀；《刘墉作品集》让心中充满爱，家庭问题迎刃而解；等等。

2.夫妻关系类

家庭幸福的前提，是一家人的排序不能错位，夫妻关系第一位。夫妻两人都把彼此放在第一位，经营好夫妻关系，夫妻关系和谐，是孩子和家庭最大的财富，也奠定了整个家庭的基调。夫妻关系第一位的家庭，夫妻两人平等尊重，日常生活在这样的氛围下，都会受到正面积极的影响，孩子在这样的环境中长大，心里有父母爱的滋润，内心阳光善良、积极向上。很多夫妻最终散伙的根本原因是有了孩子后，就把亲子关系放在第一位，生活重心只围着孩子转，喜怒哀乐只随着孩子变化，而忽视一直陪伴自己的配偶，导致矛盾越来越多、关系越来越远，最终分道扬镳。

关于如何经营好夫妻关系的书籍也有很多，例如：约翰·戈特曼的《幸福的婚姻》，这是一本非常实用的婚姻指南，总结出使婚姻免于破裂的7个法则；克里斯多福·孟的《亲密关系》，这本书认为亲密关系中的伴侣其实是自己的一面镜子，当我们和伴侣吵架的时候，很多时候只是将我们过去就有的问题给暴露了出来，而这些问题往往是童年时未被满足的需求或成长过程中未被抚平的创伤，我们应学习面对自己最好以及最糟的特质，学习接受和放手，最终找到通往爱和幸福的桥梁；张德芬在《我们终将遇见爱与孤独》这本书中反省了自己以往失败的亲密关系，发现自己对待越亲近的人，越容易模糊二人之间的界限，时常做出逾越之举，我们总希望与自己亲密的人能活出自己理想中的样子，却不知这正是亲密关系中的忌讳和硬伤；斯科特·派克的《少有人走的路》认为人这一辈子有一项终生的课题，就是学会如何去爱，爱不是一种天然就会的能力，要学会爱，先要找到真正的自我，走向心智的成熟，而这，是一条少有人走的路。

3.亲子关系类

曾仕强老师说，人生本是一连串的关系，而排在家庭关系中第二位的是亲子关系。你跟孩子的关系好，孩子才愿意听你说话，接受你的指引与教导；若孩子跟你的关系不好，或内心不认同你，那你的方法再好，你对孩子人生的规划再有意义，孩子也听不进去。所以，良好的亲子关系是与孩子进行良性沟通并对孩子进行教育、管理、监督的前提。

同样，关于如何促进亲子关系的书籍也很多，如《陪孩子长大：李子勋亲子关系36讲》《正面管教》《孩子，挑战》等。

4.自我成长类

无论家长想经营好哪种关系，都要先学会自我成长。家长的自我成长，可以让自己和这个世界的关系变得和谐，可以让自己获得更多愉悦的、平静的、满足的感受。家长的自我成长，也终将带领家人、孩子走向成长。

家长的自我成长，包括自我情绪管理能力、时间管理能力、自信心、内省等全方位的成长。

家长自我成长类的书籍有《父母改变，孩子改变》《如何说孩子才会听，怎么听孩子才肯说》《关注孩子的目光》《用接纳成就孩子的一生》《做温暖的父母》等。

三、家长该怎么读书

读书，有很多种方式，如自己读、亲子共读、邀三五个好友聚在一起读。这几年也很流行读书会的方式，其中，读书会又分线上读书会、线下读书会或者线上与线下读书会相结合的方式。

疫情防控期间，线上读书会是很好的一种方式。但这种线上读书会，该怎样来组织开展效果会更好呢？

首先，要确定好读书会的目的、人员、书目、频率、主持人、分享形式、笔记记录人等。

1.读书会的目的一定要明确

目的即读书会想达成怎样的目标，或解决怎样的问题。目的决定读书会的人员读什么书、多久读完、怎么交流等所有后续的行动。

比如，你是一个班级的家委会主任，最近班主任跟你沟通，说目前班上学生存在最多的问题，就是孩子上网课的时间管理问题：大部分同学打着上网课的幌子，玩游戏去了；有些孩子总是睡觉睡过头，或者休息时玩着玩着就会忘了上课。大部分家长无法在家一天到晚地督促孩子学习，要是班主任跟家长来讲如何帮助孩子做好时间管理，可能效果不是那么好，于是班主任建议由你牵头来组建一个家长读书会群，主要是想让家长们通过自己来读时间管理方面的书籍，不断地运用学到的知识来指导孩子更好地管理自己的时间,达到更好的网课效果的目的。

这个读书会的目的就非常明确,即让家长学会时间管理的原则、方法及注意事项等,然后作用于孩子上网课的时间管理。

2.参与人员要基于共同的成长目标

读书会的参与人员,一般要有共同的成长目标,即有共同困惑或待解决的问题。另外,读书会的参与人员以自愿为前提,同时要遵循相互尊重、平等、真诚、保密、互助等原则,也应允许有些成员偶尔不能参加的情况存在,但针对这种情况,应就提前多久告知读书会的会长、如何安排好自身任务等问题作出明确的操作细则。同样,以上述"时间管理"读书会为例,读书会的参与人员,就应该是在你阐明读书会的目的、意义后,主动报名参与并愿意遵守读书会相关原则及规定事项的家长。

3.读书会的书目选择

基于非常清晰的目标,对于非常渴望解决孩子时间管理问题的同班家长,读书会的书目就是时间管理方面的一本或多本书籍,至于是读一本还是多本,可以根据家长们的读书进度及实践反馈来进一步商定。

4.主持人如何产生

主持人可以让家长们自荐,也可以让班主任推荐,还可以让家长们通过选举产生。主持人的素养很重要,主持人需要认真负责,知道读书会的主持人该做些什么、怎么做。可以找一个认真负责的家长,通过培训后作为读书会的固定主持人。也可以所有家长都来学习成长,每个人都来担任主持人等各种角色,每次轮流着来,如第一次做主持人的家长,第二次可以记读书笔记,第三次可以担任讨论或分享的家长,第四次可以做读书会的总结者。

5. 关于如何分享的规定

首先是规定分享的时间，线上读书会可以规定为每周的某一个大家都认可的时间来进行线上分享，分享时间一般为1小时或者90分钟。

分享的主题可以是大家所读书本内容的相关问题，可以是大家根据所读内容进行实践时碰到的一些问题，或者是所读内容的延展问题。如读时间管理这一类书籍时，有家长发现时间管理不是一个单一的问题，时间管理得好坏，与时间管理主人的兴趣、动机、目标等都是相关的，家长也可以在大家分享讨论完固定议题的情况下，再来探讨孩子的兴趣培养、动机激励和目标制订等问题。

分享的方式，可以是自己在读书的过程中，对一些理论或说法的见解、疑惑、补充；也可以是有家长读了某些理论后，在对自家孩子实践的过程中形成的些许经验、成果、困惑，又或者是家长在别的地方看到的有启发意义的相关故事、案例等。家长可以提问，让大家来帮助解答；可以参与别人问题的讨论；也可以分享自己在读书时做得好的方面——如何提高读书效率、如何把书读懂；还可以分享一些自己觉得有用的补充资料或经验等。

分享的先后顺序，一般是主持人先抛出主题，然后大家进行讨论和分享，最后由主持人或者总结者进行总结。

6. 读书笔记的形成

读书会应指定读书笔记的记录人，可以指定一个人或让愿意担任此项任务的人轮流来做。读书笔记非常重要，对于记笔记的人而言，可以提高读书效率、锻炼思维的条理性、逻辑性及综合分析能力，提高文字表达能力，开拓视野；可以积累材料，利于发现新的问题，产生新的思考，研究新的问题。对于读书会整体而言，读书笔记利于大家回顾知识与技能，加深记忆，深入理解，帮助牢固掌握所读，帮助没来得及参加或者没能认真学习的家长来跟进学习等。

7.线上读书会的几种周期安排

可以在一两周的时间内，快速共读一本书，然后就有关章节的问题、体会等展开讨论或分享；也可以一周一个章节地细细品读，一个技能一个方法地慢慢实际操练、学习、感悟与提升，一个学期精读一两本；也可以根据读书会的目的与参与成员的多元化需求，及时调整读书周期，将快速阅读与精读相结合。

8.线上读书会的准备工作

把读书会的目的、意义、参与成员、书目、规定时间、分享方式、规则细节、主持人、主讲人、读书笔记记录者、总结者等整理出具体的方案及操作步骤，包括建好微信群，营造好安全、平等、尊重、真诚、保密、互动的心理环境等。

9.其他注意事项

读书会活动举办贵在坚持。成员需在不断地反馈与互动中，总结经验，不断地按照实际需求改进读书会，使之更好地贴近更多家长的读书水平，快速地提高家长们的自我成长、关系经营及亲子教育的智慧，增长家长的知识、技能、视野、素养，尤其是家校共育的能力。

最后，我用一句话，与家长及同行们共勉：一个人读书，可能读得很快，但一群人读书，能读得更多、更精、更细、更持久，可以养成更好的读书习惯，提升读书水平，提高读书素养。

亲子阅读方法指导

王 姝

我们经常说"腹有诗书气自华",一个人的气质里藏着曾经所读过的书。读书是一种心灵的活动,读书可以开阔视野、训练思想、提升境界,对人的言行举止、处世方式都大有益处。如今孩子们大部分时间都在家里,拥有更多自主学习的时间,此时,正是培养孩子阅读兴趣、养成阅读习惯的好时机。亲子阅读是培养孩子阅读习惯的有效途径之一,同时也是家庭教育的重要形式。

在分享方法之前,我想先讲两个故事,一个是我自己的,一个是我的学生小含的。我妈说我小的时候让我不哭不闹的方法,就是给我读小画书,当时还没有绘本的概念,小画书的内容就是"小蝌蚪找妈妈"之类的故事配上图片。我妈说,每次都要把同一个故事念好几遍,我才心满意足。虽然家境并不富裕,但是父母总会在家里留出一块空间给我当书房,渐渐地我便觉得房间里有书才安心,随时摸得到书、看得到书才踏实,这个习惯一直延续到现在。

吉姆·崔利斯在《朗读手册》中写道:"你或许拥有无限的财富,一箱箱的珠宝与一柜柜的黄金,但你永远不会比我富有——我有一位读书给我听的妈妈。"我的父母在亲子阅读这方面给我带来了长久的影响，不仅是学业考试还有职业抉择，更重要的是，我一直能在阅读中获得安慰和愉悦，我想这是我终生的宝藏。在亲子阅读中，爸爸妈妈是孩子阅读的引路人，可以激发孩子的阅读兴趣；爸爸妈妈是孩子阅读的支持者，可以帮助孩子提高阅读能力，促进孩子的认知发展；爸爸妈妈也是孩子阅读的参与者，以阅读为纽带加深父母和孩子的情感，促进孩子身心发展。

第二个故事与我的学生小含有关。小含因为在家看言情小说和她的妈妈吵起来。妈妈觉得看言情小说耽误时间，而且不利于女孩子树立正确的三观，于是就来找我，希望我规劝小含不再看言情小说。刚开始，我找小含谈心，她只答应我不会因为看小说影响学习。但是，沉迷于虚构的世界里，对她的作息时间、学业成绩的确有巨大的影响。这个时候，我也慌张了，我和小含妈妈一起商量对策。我建议小含妈妈也去看孩子在看的言情小说，然后和孩子讨论这本书的优点。刚开始孩子如临大敌，后来看到妈妈真的读了她看的书，而且对里面男女主角的关系和性格分析得头头是道，渐渐地，她开始和妈妈敞开心扉地讨论。这个时候我建议小含妈妈把三毛的《撒哈拉的故事》推荐给孩子，后来孩子认真地读了。当时语文课程要求读《简·爱》，这属于名著级的"言情"小说了，小含和妈妈不仅一起读，而且一起写了读书小论文，探究简·爱和罗切斯特的爱情，并获得了读书小论文的一等奖。大约过了半学期，当小含读过好书之后，再也不提言情小说的事情了，小含和妈妈也和好如初。

这里有很多家长会心一笑，的确，亲子阅读会有我们意想不到的效果。无论孩子在小学阶段还是在初中阶段，亲子阅读都是可行的，当然越早开始越好。《我在台湾教语文——阅读改变孩子的人生》这本书中讲道，杨志朗老师建议家长陪同孩子共同阅读。刚开始阻力重重，但是因为他的坚持，行动者从一个人到一群人，从十分钟到几十分钟。当家长们真正开始与孩子共读时，共读的纽带让亲子关系碰撞出火花，这让家长和孩子有着聊不完的话题、谈不完的人生，代沟在无形中消解，叛逆在阅读中感化。看了这本书，我的触动非常大，因此这一次选择这个话题进行分享。

结合我的亲身经历，关于亲子阅读的方法，和大家分享以下五点：

一、营造阅读的仪式感

当今，电视、电脑、手机触手可及，现在的"空中课堂"带来了极大的便利，但是也给我们的书面阅读带来了巨大的挑战。孩子习惯于丰富、直观的视听刺激，对书面阅读这种需要集中精力、劳思费神的活动越来越没有兴趣。"工欲善其事，必先利其器"，爸爸妈妈先要为亲子阅读打造良好的家庭阅读环境。好的阅读环境往往会带给孩子好的阅读体验。我们要为亲子阅读创建一个安静、温馨的阅读氛围，给孩子一个真正的阅读空间，让阅读有仪式感。

在我个人的经历中，家里总是有一个独立的空间留给阅读，这个空间可大可小，可以在孩子的卧室里，准备一个单独的书柜，打造一个小小的专属阅读的空间。父母可以和孩子一起将与阅读无关的东西收拾好，阅读空间的装饰尽可能简单化，避免出现可能会影响阅读的物件。各位家长设想一下，如果好玩的玩具触手可及，那么孩子就可能对阅读提不起兴趣，注意力很容易被分散。对于学前和低年级的孩子，最好把图书、绘本等具有吸引力的封面展示出来；对于小学高年级和初中的孩子，可以更注重阅读空间的整体风貌。

专属的阅读空间最好是安静的，安静的阅读环境更有助于孩子的注意力集中，可以适当播放有助于心情愉悦的轻音乐。如果这一点比较难实现，可以选择在较为安静的时间段进行亲子阅读。

同时要注意，保持书籍整齐有序、分门别类地摆放，这个任务刚开始可能需要帮孩子完成；在一段时间之后，可以和孩子合作完成；最后过渡到由孩子独立完成。

孩子在温馨愉快的氛围里，有一个整洁、宁静的阅读空间作为心灵栖息之地，可以逐步建立起对阅读的归属感。

二、父母要成为孩子阅读的引路人

在家庭教育中，父母是孩子的榜样，要让孩子从小就看到父母的生活离不开阅读。这里要特别强调一点，亲子阅读并不需要父母是文学专业出身，关键在于行动。

我们常说，上课之前要做预习，那么各位爸爸妈妈想在亲子阅读中成为优秀的引领者，需要进行充分的预习，掌握孩子的心理，满足孩子对亲子阅读的期待。

这里有两个方面。一方面是父母阅读家庭教育类的书籍，更充分了解孩子在不同年龄阶段的心理特点，更好地在亲子阅读中进行沟通，这类书籍包括《如何说孩子才会听，怎么听孩子才肯说》《这样爱你刚刚好》《你的N岁孩子》等。另一方面是预习和孩子一起阅读的内容，比如学习一些阅读儿歌、童诗、童话和图画书的技巧，就知道如何把故事讲述得绘声绘色，吸引孩子的注意力。对待大一点的孩子，尤其是初中生，他们已经有一定的阅读能力，可能有些孩子已经不需要爸爸妈妈的朗读了，这个时候亲子阅读的形式可以进阶为阅读思维的发展。就像刚刚讲的小含的例子一样，小含妈妈和孩子一起讨论故事情节，一起做手抄报、阅读卡，一起写读后感，在轻松愉快的讨论中，度过亲子阅读时光。为此，父母先要读一读孩子的书，才能更有效地和孩子讨论和互动，一起享受阅读带来的愉悦。

三、跳一跳摘桃子

苏联心理学家维果茨基提出"最近发展区"理论，他认为儿童的发展有两种水平：一种是现有水平，指独立活动时所能达到的解决问题的水平；另一种是潜在的发展水平，也就是通过学习支架所获得的潜力。两者的中间地带就是"最近发展区"，就好比树上的桃子，有些长得高，有些长得低，要让孩子跳起来先摘到比较低的桃子，获得成就感。

这个理论应用到亲子阅读中，就要求爸爸妈妈在预习阅读材料的基础上，帮助孩子挑选符合孩子年龄特点、适合孩子心理需求的读物。如果一本书超出孩子的生活经验以及认知水平，他们就很难理解书的内容。所以选书不能太功利，也不能从大人角度出发，要让孩子在阅读的时候是无压力的。尤其是对低年级孩子，一本书中最好大部分的词汇都是他们认识的，如果有很多生词，孩子将很难从书中获得较大的乐趣。

其次，阅读材料需要是孩子感兴趣的。因为孩子一旦对书上的内容不感兴趣，亲子阅读对于双方来说都将成为一种不太愉悦的体验。我们可以先选孩子爱看的第一批书，随着阅读兴趣的不断提升，阅读面的不断扩大，再逐渐提高阅读材料的难度。之前的故事中，小含妈妈先顺应孩子的需求，陪孩子一起看言情小说，接着再推荐同样带有言情性质的书,进而结合课本要求阅读的书籍,潜移默化地改变了小舍的阅读选择。

四、为了想阅读而阅读

亲子阅读应是轻松愉快的亲子体验,先有融洽的亲子关系,在亲情的牵引下,父母引导孩子为了兴趣而阅读,享受阅读带来的乐趣。在实际操作中,有两个误区需要各位家长注意。

一是考试性的阅读。我们给孩子读完故事可能会问:"你看,这是什么?妈妈教过你的。""小红帽做得对不对?"父母本意是希望考察孩子是否真正理解书上的内容,希望孩子通过阅读获得知识。如果孩子答不上来或者感觉没有兴趣,就会产生阅读焦虑,看到书就紧张,并演变成拒绝接触阅读。对待低年级的孩子,要尽可能少提问或不提问;对待大孩子,家长可以先说说自己的观点,但是,一定不要强求孩子发表意见。

二是解释性的阅读。很多家长怕孩子读不懂,尤其是在学前或低年级识字量不多的时候,总是在阅读中穿插对字词或者相关知识的解释,并且还会在读完故事之后帮孩子总结故事中的道理。其实,这样会破坏孩子阅读的连贯性和沉浸书中的情感体验。不要害怕孩子读不懂,读书百遍,其义自见,读得多了,自然就懂了。

坚持亲子阅读的本意,是希望孩子能体会书籍带来的快乐,而不是负担。如果大人寄予了太多期望在里面,却不能及时获得收获和反馈,难免急躁,以至于情绪控制不得当,继而影响孩子阅读的兴趣。

老子在《道德经》中说,道常无为而无不为,我们不要功利性地看待亲子阅读,陪伴孩子一起阅读,其实也是一起做文字的游戏,是让孩子体验阅读之乐,这会在孩子幼小的心灵里播下幸福的种子,会使孩子的心灵开出快乐的花朵，并结出美德的果实。

五、亲子阅读是一场马拉松

亲子阅读不是一种立竿见影的教育实践，却对孩子有着一生的影响，需要父母用心思考、积极投入，让书香滋养孩子一生。

我建议和孩子共同绘制一份阅读记录卡。低年级的孩子可以设计一个类似测身高的纸质挂图，每读完一本书在挂图上记录时间和书目名称。小学高年级和初中的孩子可以独立设计记录卡。记录卡能让孩子们体会到日积月累的快乐。

每天读多长时间呢？最理想的亲子阅读没有硬性规定的时间。只要孩子喜欢，父母就陪他阅读。有兴趣时，可以阅读 1 小时以上；没兴趣时，坚持半小时甚至 10 分钟都可以。最重要的不是每天读多少页书，而是每天坚持读书。《微习惯》中说："哪怕是一点点行动，也比毫无作为强无数倍""每天做一点儿事的影响力会更大""只有先养成习惯，才能将其培养得更强、目标更高"。所以，可以用每天 10 分钟、20 分钟的亲子阅读时间作为一个基础。不积跬步，无以至千里；不积小流，无以成江海。先从简单开始，先从陪伴开始，先从孩子的兴趣开始。

我们陪孩子读过的书，不经意间就会从他的言行中流露出来，世上没有白读的书，每一本都会融进孩子的气质里。我相信，每一个生命都是一粒神奇的种子，阅读能够给种子最美好的滋养，唤醒种子里蕴藏的伟大和神奇。让阅读成为我们的一种生活方式，让亲子阅读成为家庭活动的一部分，让我们和孩子一起，以书为友，通过阅读追随伟大的灵魂，让生命更加精致纯粹，让生命更加宽广厚实。

一个父亲眼中的家庭陪伴

张开亮

一、时间都去哪儿了

也许有家长感叹：我不是不知道亲子陪伴的重要性，可是工作和生活压力实在太大，没时间啊，我太难了。这一点大家都感同身受。但是我们要明白：一是陪伴孩子成长，父母责无旁贷；二是陪伴还能给自己带来快乐和成长，通过陪伴我们可以体会到，父母是孩子的第一任老师，同时，孩子也是带动父母成长的最好的老师；三是多孩时代，通过对大孩的用心陪伴定能学习积累理念与方法，还可提升对二孩等的教养质量；四是身边过度追求个人名利和生活自由，忽略对孩子的陪伴而留下遗憾的家长为数不少；五是陪伴绝不总是陪伴在孩子身边，还包括一种精神与灵魂层面的陪伴，这次疫情中那些在抗"疫"一线的医护人员和家长志愿者们的无私奉献与大爱精神，就是给孩子进行了一次精神和灵魂的陪伴，是最有说服力和底气的言传身教；六是能陪伴好子女的父母定是有责任、有能力的职工、老板、领导。减少不必要的应酬，平衡好事业、家庭、生活的关系，用心学会做加法和减法，时间挤挤总还是有的。有人感慨：任何事业的成功都无法弥补孩子教育的失败，千万不要借口工作忙而忽略对孩子的教育。

二、言教不如身教，身教不如境教

给孩子最好的礼物是榜样和良好的家庭氛围。孔子说："其身正，不令而行；其身不正，虽令不从。"《学记》亦有云："亲其师，信其道；尊其师，奉其教；敬其师，效其行。"父母作为孩子的第一任教师，父母良好的生活习惯、乐观积极的奋斗品质、正能量的真善美言行都在无形中感染着孩子。三流的父母当保姆，二流的父母当教练，一流的父母当榜样。一个家庭如果很和睦温馨，特别是夫妻关系和谐，孩子就会觉得在家里很温暖，在家里可以得到力量，那么他就可能会少出现问题。这些无不体现着"言教不如身教，身教不如境教"的道理。

三、手机是把双刃剑

社会物质文明高速发展的背景下，新生事物层出不穷，给家庭教育带来很大的挑战。手机的发展无疑给人们的生活带来很大便利，但小学生、初中生还未成年，自控能力差，极易沉迷于虚拟世界，给孩子的身心健康带来不良影响。父母给孩子配手机一定要慎之又慎，平时也不要给孩子玩手机，要让孩子明白高科技产品只是工具而已，为我所用即可，切勿将主要精力放在上面。我去年阅读了一篇文章，讲美国硅谷的高科技"大佬"们就如何避免孩子接触电子产品而绞尽脑汁，令我很惊讶。为什么美国的高科技"大佬"们都是低科技爸妈呢？他们的话让我感慨颇深："我一点都没有觉得较迟进入电脑世界有什么不好。我把自己的孩子送进了'低科技'学校。孩子们在学校里，学会如何全神贯注地做好每一件事。他们明白学习需要思考，消化需要时间。他们在得到一个答案后，还继续问'为什么'，这样的学习途径，可以是在学乘法口诀的时候，也可以是在学音乐的时候。我承认，现在是高科技爆炸的时代，可是高科技只是生活的工具，而不是通向幸福的道路。我赞成让孩子们在儿童时期远离这些技术，专注地教会他们能够终身学习的能力。"值得一提的是，管控小学生手机相对容易些，而在戒掉初中生的手机瘾上，家长的方法切不可简单粗暴。

四、亲近自然，主动探究

"人法地，地法天，天法道，道法自然。"我理解道法自然分两层含义：一是人是自然界生物，多亲近和了解大自然与大千世界，对培养孩子一定会有好处；二是万事万物必定有其内在规律，探索出了它的规律，事物的本质就会豁然开朗。基于这种深刻认知，孩子小学阶段，重点在培养好习惯，注重锻炼和阅读。兴趣班只引导，不要求成绩和考级。在陪伴孩子成长的过程中，家长尽量做到每周末至少半天带孩子们去亲近大自然（爬山、逛公园、游自然景点），这个过程中愉悦身心的互动就可以造就高质量的陪伴。有时可以带孩子们去不同的地方吃饭；好看的电影，自己看过之后，觉得合适就让孩子去看，然后交流。印象最深的是我利用了旅途时间，在开车路上精选图书的音频资源，边开边听，听书软件是车上的标配，和孩子一起度过了难忘的幸福时光。我们听过了《孙敬修爷爷讲西游》《哪吒》《小鲁讲故事》《少年中国史》《明朝那些事儿》《射雕英雄传》《易中天品〈三国〉》，等等。孩子上初中后直言对历史感兴趣且学起来比较轻松。

一天偶然看到很好的一句话：给孩子知识，更要给他求知的心，给他鼓励，更要给他探索的热情。我也时常跟我的学生讲："学问，学问，学了就要问，主动探究知识背后的规律和奥秘，学习一定行。"孩子考试不管考多少分，和他一起分析试卷的错题，自己讲解一遍，只要他搞清楚了失误的原因，考试的目的就达到了。给予宽容、信任、鼓励，孩子会对父母产生一种信任感。我和孩子在探讨题目时用得比较多的是百度，它上面的语音人工智能确实给现代学习提供了较大的便利。科技的发展给人的终身学习带来巨大变革，这也是我感觉现在的发言和讲座越来越难了，因为再细化的知识大家只要上网检索一下就可以得到了，剩下的就是自律自觉、知行合一的问题了。

五、完全人格，首在体育

早在1919年，教育家蔡元培先生就提出了"完全人格，首在体育"这样前瞻的教育主张。谚语也云："健全精神宿于健全身体。"俄国诗人马雅可夫斯基说道："世上没有比结实的肌肉和新鲜的皮肤更美丽的衣裳。"这些都说明体育锻炼对塑造身体和精神的好处。首先，家长再忙也要舍得投入时间和孩子一起锻炼。其次，平日里在家庭教育中，家长需要将自己和孩子的锻炼与爱好兴趣结合起来，带孩子一起打乒乓球、羽毛球、篮球等运动，这样既陪伴了孩子，也锻炼了自己的身体。

六、沐浴阳光与书香

沐浴阳光与书香其实就是"读万卷书，行万里路"。我个人的经验是，一般情况下，家长在孩子放学后尽量先别忙着让他写作业，陪孩子在阳光下活动或运动一下，有利于孩子的身体发育并保护视力。孩子在家时，家长少看手机，可以订些报纸和杂志，家长有空看一看，起到榜样示范作用。和孩子一起探讨社会时事热点，引发孩子的兴趣。久而久之，爱上运动和阅读的孩子便为人生的发展奠定了良好的基础。我的小孩曾经由于种种原因导致眼睛近视。除遗传因素外，我通过研究积累得出，每天最好保证两小时的户外活动，如果不行，尽量也要保持1小时，还有进行纸质阅读时不要过早让孩子海量阅读。同时，多年德育工作也让我得出这样的经验：经常性沐浴阳光和书香的孩子身心一般是健康的。朋友们，你若不快乐就去多晒晒太阳、多读读书吧。总之，陪伴孩子结交两个朋友——图书馆和运动场，孩子一定会有美好的人生。

七、平和的心态：不完美才是人生

曾国藩有一句名言：物来顺应，未来不迎，当时不杂，既过不恋。家庭教育中这句话也适用。不论家长以前陪伴孩子的时间够不够、质量高不高，都不要过度焦虑和遗憾。因为在全民学习和终身学习的今天，什么都不晚，教育本来就是潜移默化的艺术。在物质文明高度发达的今天，什么才是孩子教育上的成功呢，这是值得我们思考的问题。我认为，近期目标，就是按《中小学生守则》的九条和社会主义核心价值观的要求配合实施好家校共育。长远来看，在历史的长河中，人生是渺小与短暂的，培养尊重生命、敬畏生命、享受生命、身心健康、个性健全的人应该是我们的追求。在这个意义上，我们家长完全没有必要刻意将自己的孩子去同别人的比较，每个孩子都是不同的。家庭教育是一个家长和子女教学相长的过程，无论何时，只要我们用爱用心，摒弃功利心，自律自觉，知行合一地享受陪伴过程，花自然会开。西方心理学上称之为心理平衡，不走极端；中国传统文化称之为中庸无为，顺其自然。二者有异曲同工之妙，家长也要培养好孩子的这一品质。

总书记提出文化自信，这个文化就是中华优秀传统文化，这是中华民族的瑰宝，更是中国人的心灵根基！实施好家庭教育要学习好中华优秀传统文化，多学习中华经典著作，善于从中汲取营养，丰富自己和孩子的人生。

亲子沟通

转变思维模式 让成功更有可能

翁丽丽

家长们，如果让你给孩子的未来准备一件礼物的话，你会送什么呢？健康、幸福、优秀的习惯……如果是我，我会选择成长型思维模式。所有成功人士似乎都有个共同的心理特征，经比尔·盖茨的认可，美国国家航天局用它作为选择潜在系统工程师的标准——成长型思维模式。美国斯坦福大学卡罗尔·德韦克教授团队研究的成果"成长型思维"因对教育的巨大意义，荣获了全球最大教育单项奖——一丹奖。

那么到底什么是成长型思维呢？成长型思维对人的影响有多大？怎么培养成长型思维？今天，在这里我跟大家分享下我的思考与实践。

一、什么是成长型思维

德韦克教授提出在成长的过程中主要有两种思维模式导致我们最后的行为模式产生区别，也就是人与人之间本质的区别，这两种思维模式就是固定型思维和成长型思维。为理解成长型思维和固定型思维的不同，我们先来看看这两个孩子的表现。

小杰和小安同龄，小杰觉得有些事情他学得来，有些不行。小安知道如果他愿望强烈，他能学会任何东西。体育课时，跳鞍马项目，小杰逃避挑战，他害怕自己显得笨拙，被嘲笑；小安积极应对任何挑战，感到很兴奋，觉得很有趣，他知道失败是学习过程中的一部分，如果他努力尝试，最终不会有人笑他。小杰逃避反馈意见，如果他的老师告诉他如何改进他正在做的作业，他会觉得这是在批评他。小安知道，这些批评并不是在说他不好，老师的评价可以让自己知道还有哪些地方可以改进。小杰总是走容易的路，例如，他喜欢搭电梯，讨厌走楼梯；练习吉他时，一卡住，他就不练了。小安通常不会走手扶电梯，他跳着走楼梯，并数着前进的节拍，享受血液流动的快感；他每天练习打鼓15分钟，并不总是乐在其中，但是他知道，努力是通往更有趣生活的过程中必经的一部分。小安喜欢看别人成功，这鼓舞着他，他知道若他鼓励他的朋友求进步，他自己可能也会跟着成长。如果小杰的朋友尝试新东西或者成功了，小杰会感觉到压力，他担心他们的成绩会迫使他做得更多。现在很多公司都在寻求有成长心态的员工，因为这种员工积极解决问题，就算遇到困难，也会坚持下去。为了识别这种员工，一些公司在面试员工时会问应聘者："经理人是天生的还是一种学习而得到的技巧？"小杰认为经理人是天生的，小安认为是通过后天学习的，最后小安得到了这份工作。

　　如果是您的孩子，您希望孩子是小安的状态，还是小杰的状态呢？我想所有的家长都愿意孩子拥有成长型思维。我们感受到成长型思维让人展现出生命的蓬勃状态。成长型思维就如同一个非常强大的透视镜，通过它去看这个世界，可以提高你成功的可能性。

二、学会用成长型模式刷新自己

可喜的是，德韦克教授通过研究证实，一个人的思维模式是可以改变的，多年来，大家都以为智商是不可以改变的，"我不是学数学的料""我不善于表达"……现在，德韦克教授的成长型思维模式告诉我们，成长型思维是可以教育和培养的，大脑是可塑的。如果我们改变思维，走出舒适区，去学习新的东西，大脑的神经元就会开始形成新的连接，日积月累就会形成能力，形成大脑的成长。生活中，我们的思维模式是怎么运行的？是成长型还是固定型？如果想要改变，需要我们用成长型模式去刷新自己。

就拿生活中的一件小事说，前几天我加班，回到家，我很开心地说我回来了，老公在厨房默默不出声。你们想想当时我脑袋里面会出现什么声音？"别人家的老公都会很心疼老婆加班，我辛辛苦苦工作，回到家老公还这样。""老公是怎么了，有什么事情让他这样？"不同的思维方式，带来的结果肯定是不一样的。第一种肯定会激发一场激烈的家庭战争，第二种可能就会让家庭更加和谐。我走进厨房，先帮忙，然后问老公怎么了。他说他头痛，我就赶紧让他去休息了。

其实大多数时间我认为自己处于这种成长型思维，后来我发现很多时候我也会出现固定型思维。再举个例子，我不是属于那种特别敢于表达自己观点的人，参与活动遇见提问的时候，我一般不会主动举手，如果我主动了，那肯定是因为我在这个时候100%确定我能够回答正确，而这又是固定型思维的表现。

所以每个人可能都是固定型思维和成长型思维的一种结合体。我们得去觉察是什么引发了自己的思维模式，固定型的思维模式什么时候会出现？有的人可能是在努力过程中受挫的时候，有的人可能是面对他人的评价的时候，所以可以想一想：最近一次你的固定型思维是因什么激发的？当时你会有什么样的感觉？你对他说了什么？最后导致你做出了什么决定，或者付出了哪些行动？观察你的固定型思维，觉察它，明确它出现的原因。

我不敢举手表达，给我机会表现的时候我想拒绝，现在回想起来我的成长特别需要感谢那些不断鼓励我走出封闭、走出固定型思维的贵人。什么启发我的固定型思维，其实就是这样一些认知：害怕被质疑，害怕不被肯定，犯错很不好意思。我想要优秀，但是我不自信，所以我掩盖不足的方式就是待在舒适区里。有些人并不害怕错误，因为对于他们来说，能够抓住这样的一种机会去表现，那他就有可能知道，自己所持有的观点是对的还是不对的，或者能够知道他人对自己这种观点的看法是什么，这就是一种成长型思维模式会带来的行为特点。觉察到这些后，我现在慢慢地敢于突破了。越是去觉察，越是发现一直都做个理性的成长型思维的人真不简单，所以说在它出现的时候，都是特别好的练习思维转换的机会。网络学习是新鲜的事物，固定型思维为了保护你，让你感到安全，会告诉你从过去的经验来看，孩子使用电子设备肯定是个大问题。但我们应用成长型思维模式思考，怎么让孩子科学使用电子设备，我们需要帮助孩子培养自我管理的能力。这样，孩子慢慢地就会和自己的固定型思维人格和平共处，而不会轻易地受它影响。

现在我有一个小习惯，我会在脑袋里面回放：对我来说今天有哪些学习和成长的机会？有没有出现过固定型思维或者是成长型思维的行为？我做出计划了吗？会在什么时候用何种方式开始实行这个计划？我有没有因为别人的夸奖而变得更加狂妄？我是否因为别人的批评而变得更不自信了？问这个问题，是想要更加地明确：别人始终是别人，不能够去代表我自己本身。还有个问题是：我是否不再坚持从兴趣出发做事？这个问题是为了保护我的内在动机。我是不是过于功利？每一天我是不是创造了一些什么？最后这个问题，让我每天更多地去关注，或者是觉察自己是不是更多地把精力放在创造，而并非价值分配和评估上。

不要等到厉害了才开始，而是开始了才会厉害。德韦克教授说我们每个人都能拥有成长型思维。积极跨出第一步，学会去觉察自己的思维，让你的两种思维经常对话，你的大脑就已经开始在改变。

三、让孩子相信，他拥有让自己变得更好的力量

我们到底怎么培养孩子的成长型思维？德韦克教授说，一些很小的干预，就能产生塑造成长型思维模式的作用。

第一，关注过程，而不是结果。比如他的努力、专注、坚持、创意、策略等。德韦克教授说只要孩子认真努力，都值得被赞美。例如，考试考得很好，你应说你为这次考试做了很多准备，你的努力得到了回报，而不是说你真优秀，你拿了 A。过程——这是孩子们可以控制的东西，专注于成长和学习的过程，他必须努力、坚持、克服障碍，才能最终获得成功。结果——最终不是在他的掌控范围内的。我们很容易把结果和自己联系起来，失败会影响到他们对自我的评价：失败了就是自己不优秀，犯错了是不是就不好了呢？我学不会是不是说明我笨呢？我认为强调这一点非常重要。如果我们和孩子一心一意都盯着考个好分数，目标就是拿高分，不停地通过结果去证明自己很

优秀、很棒。如果有一天没有奖励、没有结果，孩子前进的动力就没有了。有学生到了大学就没有动力学习，迫于找工作的压力，或者也会努力，但找到工作后想着终于可以不用学习了。工作中，我们会听到很多年轻人问，我这样做会得到什么？升职，加薪？如果没有外在的奖励，就没有了好好工作的动力。陷入结果，会让人过于功利，他的精力容易放在价值分配和评估上，而不是放在创造上。心理学家马斯洛提出了自我价值和自我尊严，不再需要外来的肯定，也没有统一的价值尺度，更不是金钱的标准所能衡量的，这就是自我实现和自我超越，生命因超越而变得幸福、完整。

第二，错误是用来学习的机会。首先这需要我们自己对于"错误"有一个正确的认识。教会孩子运用"yet（尚未）"。教授在芝加哥一所高中发现，在那里考试不及格的孩子得到的分数不是一个代表失败的界定词（比如不合格、F），而是"not yet"（尚未达到）。这两者的意味完全不同。如果孩子得到"不合格"的评定，他可能认为自己已被判断为失败者，没有进步的空间，学习的大门被关上了；而"not yet"则意味着，他还在学习的轨道上，只是没有到达终点而已。所以，如果孩子说"这个我做不了"，请教会他在句尾加上yet，这意味着：他只是现在还做不了，但下次会做得更好。运用yet这个词，我们能帮助孩子塑造这样的思维模式：当前的挫折和失败只是学习曲线中会经历的正常过程而已，积极和努力会让他下次做得更好。

其实孩子的学习过程是充满了错误和挫折的。一个班级40多个大脑，每个大脑学习和理解、擅长的东西都不同。月考完我给学生做考后心理疏导，很多学生表示他们很努力了，但课堂上听不太懂，又不敢求助，"为什么这道题我讲了一百遍还是不会""为什么别人可以，你不行"，这样的语言，哪怕是无声的语音，家长失望的表情都会让孩子特别难受。孩子们觉得错误、失败是羞耻的。每个孩子都有一颗当"学霸"的心，都渴望得到父母和老师的肯定与认可，但是当他们受挫或犯错时，父母的态度很重要。错误是用来学习的机会，失败不是某种需要掩盖或者是需要害怕的东西，帮助孩子了解到，失败不是终点，不过是认真努力与尝试新事物的结果，从中总结，继续向前，这才是我们需要做的。其实错误和失败恰恰是孩子绝佳的成长机会。对任何一个人来说，逃避失败，就意味着放弃进步。诚如诗人萨缪尔·贝克特所言，尝试过，失败过，没关系，再尝试，再失败，比以前更失败。

允许孩子经历失败，多体验几次失败，给他们一个安全的、能够获得支持的环境，让他们从失败中汲取经验。我们还可以来一场"失败分享会"，一家人一起分享一下自己失败的经历，告诉孩子妈妈读书的时候也跟别人不一样，别的同学阅读速度快，因为他之前读了很多书，比我努力，后面我知道后，也跟他一样努力，然后我也做到了。让孩子感受为了突破困境所付出的努力和决心。有研究表明，拥有成长型思维模式的学生，在考试中取得前 20% 成绩的可能性是其他人的三倍。而固定型思维模式的学生成绩进入最后 20% 的可能性是其他人的四倍。另一项研究表明，当七年级学生参与到一个成长型思维的项目中，他们能够避免成绩下降，而这在中学是经常发生的。具有成长型思维的人更有弹性，这让他们能够克服挑战和困难。因为他们认为学习比失败更重要。他们不害怕冒险，他们选择成长而不是停滞不前。

第三，不断练习对话。事实上固定型思维是为了保护你，让你感到安全，固定型思维表现出来的行动却不一定可以适应现实，所以用成长型思维模式和他沟通，教育他，让他和你一起，踏上心动的旅程。当你遇到挫折压力的时候，它又会出现，这个时候你需要告诉他，你将怎样计划在挫折中锻炼和成长，常用正面的、积极的语言会影响我们的思维习惯。当孩子感到沮丧、想要放弃的时候，我们可以帮助他们换成一个更积极和有指导意义的说法。

看似只是改变了一种说话的方式和角度，其实这就是一种思维模式的改变。这样的改变，对孩子面对成功和失败时的心态以及他们决定付诸的行动有着决定性的作用。

曾子说吾日三省吾身，荣格说只有在你看向自己的内心时，你的视野才会变得清晰。今天我从什么是成长型思维，如何用成长型模式刷新自己，以及怎样培养成长型思维跟各位家长分享了假期我阅读《成长型阅读思维训练》的心得，你认同这种思维模式吗？想要改变吗？让我们尝试做具有成长型思维的父母，培养拥有成长型思维的孩子，一起相信人大脑学习和解决问题的能力，像人的肌肉一样，是可以不断拉伸而变得更有弹性的。我想要引用卡罗尔·德韦克的话作为今天的结束，培养成长型思维的道路是一段终生的旅程，而不是一个宣言。

怎样和青春期的孩子沟通

李雪静

选择"怎样和青春期的孩子沟通"这个主题,一是我从走上讲台到现在,担任初中班主任的十多年,对怎样和青春期孩子沟通有点体会;二是青春期孩子表现出的问题,随着时代的进步在发展变化,不管是老师还是家长,都需要不断学习;三是我儿子今年13岁上初一,正处在青春期。如果说以前和青春期孩子的沟通主要靠经验、靠来自书本的知识,那么现在,在实践和反思当中,我有了更直接、更深刻的领悟和心得。

教育家蒙台梭利认为孩童的发展具有阶段性,大体可以分为四个阶段:第一个阶段,0~6岁,婴幼儿期;第二阶段,6~12岁,儿童期;第三阶段,12~18岁,青春期;第四阶段,18~24岁,成熟期。接下来,我结合自己的生活和工作案例,谈几点浅薄的认识。

一、孩子自我怀疑为什么不再优秀

小妃身材高挑,皮肤白皙,说话温声细语,写字、画画、写文章都出类拔萃,遗憾的是理科成绩不太理想。总成绩从初一刚入学时的年级前100名,掉到初三一模时的250名,她伤心失望,曾在作文中写道：

　　小学时，我是一个特别"斤斤计较"的人，每件事我都得做好，稍微有半点输给他人的地方我就特别生气，连默写错了一个字我都可以懊恼半天；现在却越来越"佛"，仿佛优秀不再与我有关，差成了习惯。我不知道是什么改变了我，也许是长大了，期待的事情多了，担忧的东西多了，心里多了一份复杂。我一直在寻找与以前的不同和相同，最终我发现，唯一相同的就只有对未来的憧憬没变，其他全都变了。

　　我是幸运的，爸爸妈妈特别爱我，妈妈耐心温柔，爸爸给我提供足够的物质保障。上初中以来，我的数学一直都不好，八年级增加物理、九年级增加化学科目以后，情况越来越糟糕。经过努力依然没有起色，我妥协了，我认为自己没有数学思维，没有理科头脑，越来越多的烦恼磨掉了我的耐心，给了我一身的刺。我开始对自己最亲近的人发脾气，有时候心情差就干脆把自己锁在房间里，形成了自我封闭的状态。八年级下学期和九年级上学期有一段时间我不想回家，只想逃离，怕待在家里挨父母唠叨，怕控制不了情绪，伤害了爱我的父母。

　　小妃的肺腑之言道出了多少孩子的心声，他们在小学全面发展，乖巧听话，是"别人家的孩子"。可到了初中，面临升学的压力，更多的以考试分数为个人价值主要判断标准，一旦成绩退步，孩子自信心受打击，就开始自我怀疑。如果我们早一点和孩子沟通，发现这些问题，改变就可以更及时一些。

1.帮助孩子找到自我价值

人的能力大致可以分为先天遗传和后天培养两种。先天遗传包括智商和特殊能力。小妃自认为没有理科思维，可能是学习兴趣不浓，学习方法有待提高，最初遇到困难的时候没有及时解决。但她在画画、文字领悟和表达等方面的能力，明显超出大多数同龄人，这种不教而自有的能力，就是她的特殊能力。因此，家长可以引领孩子放大自己的优点，树立信心，帮助她找到自己的价值。

2.告诉孩子，努力比结果更重要

学习是一辈子的事，学习的领域非常宽广，除了课堂学习，将来的社会学习，也会为孩子提供更广阔的天地。父母可以宽慰孩子，不能要求自己全面发展、无所不能。人们常说性格决定命运，在遇到困难时，能冷静下来想办法解决，有吃苦耐劳、不断尝试、跌倒了再来的勇气和决心，这些精神，在某种程度上比分数更重要。只要我们努力去做，一定会有收获。总之，做了比不做好，现在做比将来做好，努力比结果更重要。

二、我说话，孩子为什么不愿意听

作家六六曾这样描述过她的青春期儿子：面对青春期小孩，避免彼此嫌恶的唯一办法就是我闭嘴。我不知道他要多久才会懂事，也许等他懂事了，他就成为别人的丈夫或者别人的女婿，我并没有享受到他的耐心和宽容。

知名作家面对青春期孩子时，都找不到交流沟通的渠道，我们普通家长有困扰，是再正常不过的事。12岁以后的孩子，开始形成越发强烈的自我意识，软硬不吃，打不得，骂没有用，亲子关系越来越糟糕，有些孩子甚至除了吃饭、上厕所、洗澡，基本不出房门。怎么办？

心理学家李玫瑾教授的答案非常朴实，过了就好，过了就好，就算过不了，也得忍。李教授认为，没必要和青春期的孩子讲道理，因为12岁之后，父母的话对孩子来说没多少有用的，他觉得自己已经长大了，他说的才是对的。

我们可以尝试这样和孩子沟通：

1. 提醒代替催促

不少孩子的行动力不强，做起事情来慢吞吞的，定好的计划一拖再拖，其实这都属于正常现象。有些家长总是在一旁催促孩子，殊不知，这样容易让孩子产生抵触情绪。孩子为了达到父母的要求，不加思考，干脆应付了事，从长远来看，这是不利于孩子自立自主的。

比如，我们和孩子约定好，玩10分钟就做英语，可到了时间，孩子还不去做，我们怎么说更好？

催促型："快点去做英语，说好的时间，你还不去，讲话能算数吗？还没去啊？什么时候才去，下次我还能相信你吗？"

提醒型："宝贝，你计划的时间已经到了哦，现在该干什么了呢？我知道我儿子是说话算数的人。"如果还不行，先走开，过一会儿再进去，站在孩子前面，什么也不说，不近不远看着他玩，相信他很快可以意识到。

从心理学的角度来说，总是催促孩子，就会给孩子一个心理暗示"我动作很慢""我很贪玩"。渐渐地就会形成心理定型：我是需要被催促的。而催促，只能使身体到位，而不是心甘情愿地接受，因此，我们可以用提醒来代替催促。

2.鼓励代替强制

又是一个星期五晚上，背英语的时间到了。

我不情愿地拿起书，读了两三遍，平时最擅长的英语，此刻如一个个蚂蚁，密密麻麻、横七竖八地铺在页面上。热情一点点耗尽，灵感一点点枯竭，我开始打退堂鼓，放弃的念头在心中盘旋，我尝试着向妈妈抗议，把书猛地往床上一摔，喊道："这么难，怎么背啊，我不背了！"

妈妈一脸惊愕，但很快平静地劝慰我："要相信自己，你一定能背下来的，再认真读读吧！"

我只好再读。可我感觉头昏脑胀，虽然早晚都听音频，但这篇课文句子之间的结构和联系，完全没有章法可寻。我真的失去了信心，用一种哀求的口吻说："妈，我真的背不了啊！"

爸爸闻声进来，替我解围："不背就不背吧，少背一点又怎样呢？"

"儿子，以前背《轻松英语》，好几次你也想放弃，如果那时候不坚持，哪有现在的积累？你现在放弃，说不定背诵就止步于此了！要不，你先去阳台上静静，好好想想？"妈妈几乎用恳求的眼神望着我，商量着和我说。

站在阳台，望着满天星斗……一瞬间，我茅塞顿开，胸中燃起一团火焰——我一定要坚持到底！我信心倍增，走回房间，用心读了几遍，竟然极其流利地背了出来。

我的努力没有白费——到现在，我已经把"新概念2"背完了！不管是考试还是在课堂上，我都能成为比较出众的那一位。窗外，茉莉花开满枝头，花香淡薄而清幽。我知道，我和它都要感谢曾经的坚持，更享受此刻的绽放。

——《如花儿一般绽放》

文章里的妈妈是我本人，孩子是我儿子，当他抗议说"这么难，怎么背啊，我不背了！"时，我没有责问"平时都是这么背的，今天怎么就背不了了，你有没有认真啊？"，而是很快平静地劝慰鼓励并指导他背诵方法："要相信自己，你一定能背下来的，再认真读读吧！"可还是不奏效，孩子再次表示不想背，我让孩子回忆，之前也有几次背不下来想要放弃的经历，但每次都克服了。我避免继续讲道理，而是让孩子去阳台想一想再做决定，这种冷处理的方式明显起到了作用。孩子知道，就算今天没背，明天还是要背，在妈妈这里，耍赖是过不了关的；再说，从四年级开始坚持背英语，事实证明，他是有这个学习能力的，是可以做到的。

结果，当孩子放下情绪，妈妈和自己的期待就化作奋发向上的动力，很快，课文背诵好了。这样的一次经历，让他懂得的，远远超出了知识本身。好几次，孩子不太自信地问我："妈，你说我有什么优点？"我说："宝贝，别的先不说，光坚持背诵英语这一点，就非常了不起，有了这种坚持的毅力，你将来做别的事一定差不了。"我想，坚持的本身，一定可以带给孩子更多自信和韧劲。

3.引导代替对抗

爸爸想让儿子每天弹吉他，毕竟花了钱，不练习就学不到真本事。爸爸语重心长，说想当初自己上大学的时候，多么想学吉他，就是没钱买，自己会的第一个也是唯一一个乐器是口琴，因为口琴最便宜，你现在有这样的条件，为什么不好好学呢。于是，忆苦思甜一番。哪知孩子不为所动，还反问爸爸："100多块钱一把吉他，你可以吃泡面，把生活费省下来买啊。再说，你真想学现在也可以，郎朗在网上教钢琴，网上肯定也有教吉他的。"

爸爸的权威被挑战，恼羞成怒："我太失望了，我想听个吉他就这么难吗？我想听吉他要自己弹，那你们想吃饭是不是要自己做？行，你今天不弹吉他，我明天就不做饭了！"

三分钟、五分钟过去，房里依然没有传来吉他声。爸爸也气呼呼地坐在凳子上。

这是一次失败的沟通，对抗演变成令人窒息的尴尬和完全无益的争论。爸爸让孩子弹吉他错了吗？爸爸没错，学吉他是孩子自己选的，不能半途而废。爸爸没错吗？爸爸错了，错在没有控制自己的情绪，和孩子对抗，直接威胁和表达失望，对解决问题完全没有帮助，只能显示出爸爸已经没招了。

法国教育家卢梭提出过"自然后果法"——把孩子的一切还给孩子，让他自己去掌控、自己去左右。自然后果法不是不管不顾，家长应该用鼓励的方式，引导孩子发现他们没注意到的因素。

事情僵持在这里，怎么办？这个时候需要妈妈做中间人，和孩子去调和，当吉他声响起的时候，爸爸也要放下架子和面子，及时肯定孩子以缓解亲子关系。

三、家长越耐心，孩子越开挂

胡适在《我的母亲》中写道："如果我学得了一丝一毫的好脾气，如果我学得了一点点待人接物的和气，如果我能宽恕人、体谅人——我都得感谢我的慈母。"这段话，贴在我的办公台前，贴在衣柜门上，每天我都要念一念，反省自己。

我是一个焦虑型妈妈，我不隐瞒自己对孩子的要求和期望都很高，渐渐地我发现儿子性子急、喜欢辩驳、经常挑别人的理。让我彻底醒悟并做出改变的是，有一次亲子出游，有些家庭其乐融融地在拍照，可我儿子对我似乎并不那么亲热。反思中我发现，我太注重结果而忽略了对孩子的情感投入，当孩子考试分数高、按照我的要求完成阅读任务的时候，我的心情明显更愉快，换句话说，我对孩子的爱是有条件的、是功利的。我爱他，不只是因为他是我儿子，更是因为他是别人眼里优秀的孩子，在我的判断中他是让我自豪、充满希望的孩子。

当我意识到这些问题，做出的第一个改变就是让自己慢下来，真正走进孩子的内心，关注他的心理需求，给孩子更多的耐心和无条件的关爱。比如，孩子右手握着筷子，伸手拿汤勺舀菜。我告诉他："宝贝这样不礼貌，而且很危险，有可能会碰到旁边的人。"讲一两次改不了，可如果每次在饭桌上都要唠叨，不仅扫大家的兴，也于事无补。于是，当他再有这个动作的时候，我不说话，只是把他的筷子拿过来轻轻放下，经过多次纠正，孩子终于改掉了这个坏习惯。在我们的共同努力下，孩子变得更自信、更友善、更阳光。

四、善于表达爱

父母都是爱孩子的，有的父母特别会表达，而有的父母把这份爱藏在心里。亲子关系是青少年最早遇到的人际关系，在耳濡目染中感受到的家庭氛围，对孩子产生着深远的影响。在温暖有爱的家庭中成长起来的孩子，会更宽容、更健康、更快乐。所以，父母要在行动上，尤其是语言上多表达对孩子的爱。

弟弟（游游）出生以后，我跟哥哥（彬彬）说："宝贝，你看弟弟和你小时候长得一模一样，以后啊，你就叫大游游，弟弟叫小彬彬，妈妈在亲弟弟的时候，仿佛在重温当初照顾你的场景，妈妈感到好幸福。"如今，弟弟 2 岁多了，哥哥不仅不吃醋，还对弟弟疼爱有加。

有时候，看到他在偷玩游戏，我看破不点破，只是叫他："宝贝，过来，让妈妈抱抱你。"或者提醒他："宝贝，今晚作业是什么？呀，作业不少啊，你辛苦了。"

总之，青春期的孩子对父母来说，是育儿过程里的一个坎儿，这是让父母头疼的一段，也是非常关键的一段。孩子进入青春期，出现一些糟心的表现，父母不要惊慌失措，更不用大惊小怪，你要相信，青春期一定会过去的。

让我们用足够的耐心、无私的关爱、家庭的温暖去融化孩子那颗有点叛逆、有点冷漠的心吧。最后用八个字与大家共勉：慢养孩子，静待花开！

构建健康亲子关系：不做"煤气灯"父母

李 姮

一、"煤气灯效应"的定义

"煤气灯效应"这个词被首次关注是因为1944年的一部经典心理学电影——由美国导演乔治·库克执导的《煤气灯下》，讲述的是钢琴师安东为了将妻子宝拉所要继承的大额财产据为己有，一面将自己伪装成潇洒体贴的丈夫，另一面又不断使用各种心理战术，联合家中的女佣企图将妻子逼疯。

在心理学领域中，它被定义为一种心理操纵的手段，属于亲密关系暴力的范畴，是一种在亲密关系中常见的心理虐待方式，被用来指代关系中强势的一方通过各种洗脑的方式来扭曲弱势一方的世界观和自我认识，以达到控制对方的目的。

对某人进行情感操纵并非大多数"煤气灯人"的本意，在亲密关系中我们都努力地表达自己的感情，然而，陷于各种复杂关系中的人们，多从相处初期的"我爱你，所以我甘愿为你付出"，逐渐发展到打着关心的旗号不断进行要求和索取，认为自己做的都是为了对方好，从而演变成"我爱你，所以你应该听我的"。这样"正义"的出发点，让很多"煤气灯人"可能从未注意到自己的所作所为产生的负面效应，以及他们意图控制他人行为的强烈冲动在亲密关系中造成的严重的心理伤害。

二、"煤气灯人"的主要表现

操控者为了达到自己的目的，会使用一切必要的手段去控制他人。因此，他们往往将自己置于感情中的主导地位，并且希望自己是影响被操纵者的唯一来源。以下是操纵者们会在关系中可能表现出来的9点迹象：

·较为自恋、以自我为中心；

·利用你的弱点进行嘲讽、攻击，批评你的一举一动，贬低你的自身价值；

·树立权威，假装自己无所不知地了解你，甚至试着说服你，你所相信的是错的，是在进行自我欺骗；

·试图让你相信，除了他们以外所有人都在欺骗你，会做对你有害的事情；

·让你觉得你的想法和感受并不重要；

·使你怀疑自己的理智；

·他们并不一直对你很差劲，时不时地会给你一些甜头，不断使用正强化和负强化去操纵你迎合他们的要求做事。这种情绪、态度上的不稳定使你感到困惑，并开始质疑一切；

·倾向于选择性记忆，他们有时会否认自己说过的话和做过的承诺；

·由于认为自身的形象应是"高大的",一旦出现问题便推卸责任,并通过撒谎、掩饰等方式将错误归咎于你或者他人;

·善于扭曲事实,并给出一个既长又非常复杂的论证过程使其更有利于证明自己的观点。

三、不自知的"煤气灯"父母

"煤气灯效应"正如它起源的这部电影一样,经常出现在恋爱和婚姻当中,但其实"煤气灯效应"也常常出现于亲子关系里,因为亲子关系天生就是一种不平等的关系。因为生活阅历、知识背景等方面的巨大差异,在孩子的成长过程中,只能绝对相信和依赖自己的父母。有一些家长在长期的家长权威加持下,逐渐建立了不健康的亲子关系,试图绝对控制自己的孩子。

想想你是否也听过或曾说过这样的话——

"你很马虎,数学就是学不好。"

"你怎么什么都做不好,这个问题说了你多少次了。"

"你怎么这么懒,老师和同学肯定都不喜欢你。"

"我为你付出那么多,你就考这么几分对得起我吗?!"

有一些控制欲强的父母想把孩子捆绑在家庭中,就会告诉孩子:"外面全是坏人,都是要害你的,只有妈妈(爸爸)是对你好的。"而一些阴晴不定,经常突然大发脾气的家长,在猛烈训斥、贬低孩子之余,会大声宣布说:"离了我你什么都做不成、什么都不是!"以情绪和言语的双重虐待来满足他们的自恋。

诚然，父母都是爱孩子的，说这些话也是为了表达自己过于浓烈的爱，但是这样畸形的亲子关系和这样强烈的控制欲，可能会彻底摧毁一个孩子。父母在日常生活中与孩子交流时，习惯性地对其进行打压，否认孩子自己的感受、认知和判断，这样的孩子自幼年起便从内心对父母形成非正常的心理依附，认为自己"做什么都是错的"，从而全盘接受父母的安排。这些话从至亲至爱的爸爸妈妈的口中听得多了，孩子便会在潜意识中开始相信——

我就是马虎粗心，永远也学不会数学；

我就是什么都做不好，只会惹父母生气；

我不值得被别人喜欢；

我永远达不到父母的要求，我对不起他们。

孩子向父母表达感情的唯一方式，变成了顺从，放弃对生活的掌控权，也丧失了独自面对生活的能力和勇气。

建设性的批评是有益于自身发展的，而持续的、负面的批判会严重打击人的自信心。当一个人本身就不够自信时，他就更容易被这些标签所影响、被打击，变得一蹶不振，甚至开始不断心理暗示自己——我放弃改变了，这就是真正的我。

四、如何避免做"煤气灯"父母

1.尊重孩子生命的独立性

尽心尽力地呵护养育一个孩子需要付出大量的精力、物质和感情，但这不意味着孩子就是父母的附属品。父母要充分尊重孩子的人格，培养一个坚强而独立的生命个体。

2.丢掉"大家长"的控制欲

作为一个人格独立的人，孩子最终要学会为自己的人生负责，具体到每一件事情的选择权，都应该被重视，父母要允许孩子成长，悦纳孩子的变化，用陪伴、鼓励代替控制和包办。

3.拒绝语言暴力

处于亲密关系当中的人因为最亲密、最了解，往往能精准地找到对方的软肋和痛点，在情绪失控的时候口不择言、句句诛心，在亲子关系中天然处于弱势的孩子往往不敢"忤逆"家长，默默承受着父母的语言暴力，在心里种下了不自信的种子。任何健康的亲密关系，都应该避免使用语言暴力。

4.鼓励孩子丰富社交圈

一旦封闭自己，就等于削减了自己的信息获取来源，继而更容易相信"一家之言"。孤立自己相当于给予别人更多的专断控制权。因此，应让孩子不断接触到新的朋友、扩大自己的社交圈，接受来自多渠道的思想。一旦遇到心理上的疑惑，也可和一些信任的伙伴讨论，以免在独自解决问题时钻牛角尖。

5.培养孩子犯错的勇气

长期被心理控制的人，都是极度自卑、害怕缺点被暴露于大庭广众之下的人，不愿自己做决定，也不敢直面事情的结果，因此过于依赖他人的判断和评价。父母应该认识到人人都是会犯错的，接受孩子的"不完美"。父母要培养孩子从小事开始，为自己做决定。

6.学会欣赏和表扬

作为孩子成长路上最早的榜样和观众，要适时地给孩子鲜花和掌声，及时肯定孩子的进步，通过不断的正强化增强孩子的信心和成就感，尤其是敏感且容易自卑的人，来自父母的表扬对他是巨大的动力。

一旦发现自己或多或少地有"煤气灯"父母的倾向，首先要调整好自己的心态，必要时可以寻求外界的帮助，学会用尊重和平等的方式表达爱，构建健康的亲子关系和和谐的家庭氛围。

生命教育

如何对孩子进行生命教育

池心延

2020年,突发的"新冠疫情"给全社会踩了一个急刹车,打乱了人们正常的生活、学习节奏。这场特殊的假期必然成为每一个学生的一段特殊经历。正如《中国教育报》所说,疫情危机也是生命教育的契机。所以我想和大家探讨"生命教育",为什么选择一个这么"宏大而严肃"的话题呢?这是源于网上的一个短视频。一个小男孩因为疫情,宅在家里,实在憋得慌,哭闹着说:"我要出门,我要出门,我要出门和病毒玩。"视频被频繁地分享在朋友圈里,也许很多人觉得孩子天真可笑,但当我看到这个视频时,或许是职业的敏感,我萌生"给孩子进行生命教育"的想法。

可是,什么是生命教育呢?这没有准确、统一的答案,国内外在具体议题上也有不同的侧重点。有的着重"死亡教育",有的着重"生涯探究",我们宝安区也提出"三生(生活、生存、生命)教育"。于我个人而言,我理解的生命教育是贯穿一生的教育,是要让我们懂得如何用更好的方式来活出更好的自己,它包含了"生存教育""发展教育"及"死亡教育"三个部分,其内涵非常丰富且深刻。

作为普通家长,我们该如何在日常生活中渗透生命教育呢?我从三方面理解。

一、尊重生命

每一个生命都是独一无二的。我们都知道世上没有相同的叶子，即使同一棵树，其叶子形状、颜色相同，但其纹理、根茎却大相径庭。人，何尝不是这样呢？就算双胞胎，其性格、性情都可能相去甚远，所以说，每一个生命都是独一无二的，都是值得被尊重的。在现实中，我们又该如何尊重生命呢？

尊重身体。虽说"身体发肤，受之父母"，但是，孩子不是父母的附庸，更不是父母的私有财产，作为父母，我们应该学会尊重孩子的身体。当孩子犯错时，家长要学会控制自己的情绪，不要轻易举起拳头，要学会和孩子沟通，不要将温暖的家变成战场。

尊重思想。在这个快速发展的时代，在"望子成龙、望女成凤"的心态驱使下，家长们很容易给孩子强制的"爱"。比如在周末给孩子安排一整天的课程，并不断把"这是为你好"的思想强加给孩子。要求孩子按照自己的标准，不轻易给孩子发声的机会，有时可能连买东西该选什么颜色，父母都会替孩子把关。作为家长，我们应该允许孩子自由表达，鼓励孩子勇于发表意见，意见不合时我们要耐心地去理解孩子，一起探讨问题。

尊重权利。孩子和我们一样，都有属于自己的权利。但有部分家长会认为，自己是孩子的父母，出于关心，有权利查看和管控孩子的一切。比如，有的家长随意地翻开孩子的书包、日记、手机等；有的家长会因为孩子在家中做错事而惩罚孩子不能上学；有的家长会在茶余饭后不经意间谈论孩子告诉自己的"小秘密"。其实孩子的秘密是复杂多样的，有积极的也有消极的，有意识主导的也有无意识主导的。有的孩子们只是喜欢通过写日记的方式来发泄自己的情绪。我们父母应该本着尊重和理解的原则，允许孩子有自己的"小天地"，不要轻易偷看孩子的日记等，否则会让孩子觉得最亲近的人都无法信任，从而对父母产生心理戒备。

二、敬畏生命

生命只有一次，可危险却无处不在。地震、火灾甚至是交通事故都有可能威胁我们的生命。这一次的疫情也是对我们生命的一次考验。于我们家长而言，这也是一次很好的教育契机，作为孩子生命的守护神，我们家长有义务、有责任去教会孩子敬畏生命。

我们要培养孩子的安全意识，尽量让孩子免于危险境地。这一次疫情，我们要让孩子明白，疫情之下，无人能置身事外，人人都是一道"生存的防线"。我们可以开展科普知识教育，一方面引导孩子认识自然界其他物种生命的存在和发展规律，让孩子学会尊重自然规律，保持敬畏之心；另一方面我们也可以引导孩子了解病毒的传播和感染途径，让孩子学会自我防护的基本技能，掌握流行性、传染性疾病的防控意识。我们要理性疏导孩子，教育孩子保持乐观的情绪，戴口罩、勤洗手、多通风，采取最科学的措施保护自己、爱护家人。

我们要关注孩子的身心健康，引导孩子热爱生活、珍惜生命。受疫情影响，孩子们在没有任何心理准备的情况下，开始了与外人隔绝的居家生活，甚至面临隔离的状况，这确实会给孩子们带来紧张、恐慌的心理。我们作为家长要积极引导孩子，营造尊重和热爱生命的氛围，让孩子有正面的生命信念。首先，我们可以利用各种鲜活的抗击疫情的感人事例，引导孩子认识生命的意义和价值，让他们明白我们的岁月静好是有人替我们负重前行，要学会感恩，加强情感培育，用事实告诉孩子，责任、担当和奉献是生命的价值体现。其次，我们可以通过这段时间的居家相处，增进亲子情感，和孩子一起进行亲子锻炼、亲子阅读或者是亲子烘焙等。同看一部电影，共读一本书，共度亲子时光，让孩子真正感受到家是避风港，从而缓解孩子的不安情绪。最后，我们要开导孩子学会在逆境中看到希望，让孩子了解国家全局战"疫"、社会全力支援的信念，感受"山川异域，风月同天"的温暖，让孩子知道我们每个人都不是独立存在的，都不是一座孤岛，我们都在彼此关怀。通过战"疫"的感人故事、家庭的温暖呵护，让孩子思考人生幸福的含义、人生价值的意义，从而更懂得珍惜自己的生命。

理解死亡，消除恐惧。"死"字，是我们中国人的避讳。所以我们就有了五花八门的表达方式，如"离开了""走了""没了"等，仿佛死亡是一件难以启齿的事情。其实，人对死亡的恐惧是源于无知。作为父母，如果我们含糊其词、遮遮掩掩反而会加剧孩子对死亡的恐惧。国外很早就设计了死亡教育相关的课程。如美国的"死亡课"，学校会邀请殡葬从业人员认真地和孩子们讨论人死时会发生的事，也会带领孩子们去宁养院目送临终者告别人世。在英国，皇家学院建立了死亡教育机构，帮助孩子体验遭遇损失和生活方式突变时的复杂心情，如模拟父母遭遇车祸身亡等，引导孩子们学会在非常情况下把握住对情绪的控制。这一次疫情的突发，造成了许多家庭悲剧，我看到微博上有个女孩因目睹家人相继离世而感到孤独无助，选择离开了这个世界。内心感伤的同时也体会到，原来灾变的发生都是在考量我们的生命智慧。我们可以给孩子讲一些患者病亡的案例及一些病人战胜病魔的案例，让孩子感受生命脆弱的同时也体会到精神生命的力量。引导孩子备好"意志力"这把生存钥匙，帮助孩子勇敢地直面死亡，更坚强地生活。给大家推荐一本绘本——《一片叶子落下来》，文字简单亲切，很适合家长用来引导孩子学会用平常心看待生死。

三、经历生命

生命是一场没有回程的旅行。诗人于戈曾说："你什么都可以给孩子，唯独对生活的经历，喜怒哀乐、成功挫折，你无法给孩子。"所以作为家长，我们应该引导孩子更好地经历生命。

让生命丰盈。对孩子，不要圈养，不要包办，要让孩子多一些自己的经历！曾在网上看到过一则招聘，母亲为大一女儿找保姆，照顾女儿的生活起居。作为家长，心疼孩子是人之常情，但需要把握"度"。有的家长会认为孩子上学辛苦，学习压力大，就事无巨细地照顾孩子，包办了孩子的自理需求，穿衣叠被、端茶倒水。也会对帮忙扫地的孩子说："这不是你的事，不需要你弄。"十指不沾阳春水的孩子走上社会也很难立足。1997年诺贝尔物理学奖获得者朱棣文的妈妈培养了三个哈佛博士，她说："在孩子小的时候就注重培养自理能力，要求必须自己做饭。"这能很好地锻炼了孩子的专注力和解决问题的能力。当然，犯错也是一种很好的经历，也是很好的教育契机，我们应该给孩子试错的机会。

让生命绽放。人来世上一遭，要做有利社会、有助他人价值的人。著名教师袁卫星曾说，人的一生往往被某种意念支撑着，有了它就有了高贵的灵魂，就有了奋斗的动力，活着也觉得有意义。这种意念，我们称为信仰。所以作为父母，我们应该在赞赏、认同的氛围下培养孩子独立自主的能力，引导孩子找到自己热爱的领域，找到自己生命的意义。

珍惜和爱护生命是生命教育的基础和根本，尊重生命、思考生命、赋予生命意义则是生命教育的关键。只有把美好的生命姿态和生命的积极力量带给孩子，我们才能真正上好生命教育这堂课。

如何提升孩子的自信心

郑明凤

自信是一个心理学名词，是指一个人对自我价值的肯定，我们很难去测量它、量化它，那我们如何得知孩子是否自信？这就需要家长们仔细持久地观察，如果我们的孩子遇事积极乐观、好奇心强、敢于尝试、肯动脑筋，我们可以说孩子已经具有比较强的自信；如果孩子遇事容易退缩、喜欢等待和观望、不敢尝试，那这种孩子就是缺乏自信的。

孩子缺乏自信，我们是可以干预的，毕竟孩子处于成长期，可塑性比较强，我们可以从以下几个方面去努力。

一、发掘孩子的闪光点

提起孩子，我们总认为自己肯定是最了解他的人，他有没有闪光点，一看便知，还需要发掘吗？你别说，我们还真容易犯那种当局者迷、旁观者清的错误，看别人家的孩子，全身都是优点，看自家的孩子，满身是缺点。在认识孩子的问题上，我们一向对自己的孩子苛刻，对别人家的孩子宽容，别人家的孩子简直闪闪发光，长得漂亮、有特长、成绩好，自家孩子好像哪都比不上。这种评价方式要不得，家长应该多用欣赏的眼光看待孩子。世界上没有两片相同的叶子，每个孩子的个性不同，成长发展也就表现出很多不同。诚然，我们要正确对待孩子之间的差异，但不能自我否定，而要帮助孩子寻找他的特长，捕捉他的闪光点。

因为每个孩子都有自己的长处，孩子在这方面比别人差，在另一方面可能就强过别人，这就是孩子身上的闪光点，父母要善于发现孩子身上的每一个闪光点。每个孩子都有自己的长处。对于每个孩子来说，缺少的往往不是成功，而是发现。

有的孩子运动天赋特别棒，什么活动总是他打头；有的孩子鬼点子多，是团队的"智多星"；有的孩子特别礼貌，人缘特别好；有的孩子则十分爱动手，经常默默捣鼓各种实验。还有些孩子虽然功课不好，但对音乐却有敏锐的感觉，在听过两三次后，就能将一首歌的词曲印入脑中，唱出来的曲调准确、歌声动听。对于这样的孩子，父母就应当认同他在音乐上的天分，赞美他歌唱得好听。这样，孩子因唱歌产生的自信心，说不定还会迁移到学业上去。

当然，要从真正意义上深入挖掘孩子的闪光点，让他真正认识到自己的长处，寻回自己的自信。父母的赏识不能仅仅停留在表面，说一些"你不笨""你挺棒的"之类的话，要不断地发掘孩子的潜能，在发掘的过程中可能会一波三折，曲折与冲突不断，但是要相信时间这个变量。只要家长肯花时间陪伴孩子，了解孩子身上的特性，真正地全面了解孩子，我们终能看到孩子不同的一面。

德国著名化学家、诺贝尔化学奖得主奥托·瓦拉赫在年幼时没有显示出过人的才能，甚至还被认为是蠢笨的人。上中学时，父母为他选择了一条文学之路，不料一学期下来，老师认为瓦拉赫很用功，但过分拘泥，非文学之材。此后，父母又让他改学油画，可瓦拉赫既不善于构图，又不会润色，成绩在全班倒数第一。面对如此"笨拙"的学生，绝大部分老师认为他成才无望，只有化学老师认为他做事一丝不苟，具备做好化学实验的素质，建议他学化学。

这下瓦拉赫智慧的火花一下子被点燃了，他终于获得了成功。这就是心理学上有名的"瓦拉赫效应"。它告诫我们：孩子的智能发展是不均衡的，都有强点和弱点，一旦找到最佳点，使智能得到充分的拓展，便可取得惊人的成绩。

总之，发现孩子闪光点的过程，就是帮助孩子去发现"我能行""我哪点最行""我哪一点会更行"的过程。多一点鼓励和引导，找到孩子最佳闪光点之后，可以极大地促进孩子的自信心。

二、培养孩子的闪光点

家长发现了孩子的闪光点之后，应该创造条件和机会，让孩子更多地锻炼自己。要大做文章，用那个最佳点去用心培养，就像发现有潜质的股票，用杠杆去撬动它，达到最好的收益。星星之火，可以燎原。闪光点经过一段有意识的培养，就可以转变为一种特长。

有教育专家这样定义"差生"："差生"不是成绩差，而是没有任何特长的学生才是"差生"。所以在培养特长这一块，我们要像对待语数英的成绩那样严肃。

如果孩子口头表达能力强，我们就每天让他读报、读新闻，这样既能增强他的语感，还能拓宽他的视野、增长见识。如果孩子喜欢画画，除了找老师教，还可以多带他去户外活动，让他把观察到的画下来。如果孩子喜欢下象棋，就买一些相关的书籍给他学习，找老师教教他，让他在对弈中获得成就感。如果孩子嗓音不错，有乐感，多跟他一起唱歌。爱唱歌的孩子在唱歌时是很有自信的。万事开头难，因为是从0到1的过程，这个过程必须有我们家长密切的参与和辅助，才能从无到有，从有到优秀。

如果是一些不能量化衡量的闪光点，就多多记录他的进步。比如孩子具备优秀的阅读能力，可以记录他所读过的书籍，做成标签，贴在孩子的书架上，让孩子一看到就能得到激励。还可以在家中选取一块地方作为孩子专属的领地，可以是一面荣誉墙，用来陈列孩子的作品及获得的奖状。如果家里不方便粘贴，可以拍成照片分门别类地保存在电脑里，也是很方便的。你的用心与关注会给孩子提供源源不断的动力，这种动力让他敢于面对困难与挑战，冥冥之中也增强了孩子的自信心。

三、给予孩子各种表现的机会

让孩子常常展示自己的长处，别人就会认为他行，他就会向更好的方向努力，甚至通过自己的优势带动其他方面的进步。这种表现可以是展示某种才艺，比如弹钢琴、参加绘画比赛、当小主持人等，也可以是特别生活化、日常化的事情，比如在家里让孩子整理房间、倒垃圾、洗碗、洗袜子，在学校让孩子在课堂认真听课，多举手发言，平时多辅助孩子的学习，熟悉孩子所学习的内容，和科任老师多交流，与老师高度配合，提高他的成绩，和他一起体验勤奋学习所带来的成功。如果孩子在学习上一直能获得精神支持，不管最后能获得什么样的成绩，他都会变得自信，因为父母从来不抛弃他、不放弃他。像我们学校，每个学期都有期中表彰和期末表彰，既有成绩优秀奖，也有成绩进步奖，都能够较好地激励孩子。每年的六一儿童节及新年晚会，也是孩子展示特长的契机。我自己班的孩子，为了在六一儿童节时展示一次魔术表演，会提前三个月去做准备、去练习，他上台那一刻，如雷的掌声可以激励他。现在展示孩子才艺的平台特别多，微信朋友圈、QQ空间、短视频网站等，孩子表现的机会越多，胆子会越大，就会变得越来越自信。

四、科学地赞赏孩子

孩子展现自己以后，我们要懂得赞赏孩子。每一个人在心理上都有获得肯定与赞赏的需要，如果一个孩子感到自己是被别人赏识的，自己对别人来说是重要的、有意义的，那么他就会自然而然地产生愉悦的、自我肯定的感觉。但是称赞孩子也要注意方式方法，要在称赞中培养孩子的成长型思维，多去称赞孩子的努力，如勤奋精神、情绪上的控制、敢于担当的责任感等，不要老是称赞孩子的智力和才能。"你太聪明了！""你简直独一无二。""你是最棒的！"这样定义性的话不要说太多，不然孩子遇到困难无法前进时，会逃避困难、逃避挑战，因为万一挑战失败，不就意味着自己不聪明、不够棒吗？所以，多去称赞他们采用的策略、他们做出的努力和选择。如："你的好成绩来自你的勤奋和得当的方法，并不是你天生聪明。加油，孩子，全力以赴地去做你想做的事，你会有意想不到的收获。"这样哪怕外在的赞赏消失了，孩子依靠自己的努力，还会获得自我的肯定和赞赏。这种自我肯定才是孩子获得自信心的根本源泉。

总之，在儿童的成长过程中，最重要的一点就是培养他的自信心，人生初期建立的自信心，可以让他一辈子都有力量去面对各种困难与挑战，用努力进取的态度面对人生。你看，快递哥雷海为，十几年的快递生涯中坚持学习古诗词，如果没有一份自信与定力，如何坚持并赢得《中国诗词大会》的冠军，实现中年的弯道超车？因此，请相信，"自信是迈向成功的第一步""天生我材必有用""长风破浪会有时，直挂云帆济沧海"。让我们一起为孩子铺就自信之路，大踏步地迈向光明的明天！

宅家期间，关注青春期孩子的心理成长

郭少云

2020 年 2 月 20 日左右，宝安区心理老师团队对某校 380 名初中生就"疫情防控期间的心理状况"进行了一项调查，学生对自身心理状况满意度进行 0~10 分的自评，平均得分为 8 分，总体情况比较乐观。其中 50% 左右的同学对自己的心理状态非常满意。15% 的同学对自己的心理状态不满意，打分在 5 分以下。28% 的学生希望在开学后寻求心理辅导。当被问及"你希望进行哪方面的心理辅导"时，36% 的同学提及学业问题，21% 的学生提及情绪问题，15% 左右的学生提及"亲子关系问题与生涯规划问题"。

以上调查结果提醒了大家：学习之余，我们家长对学生的心理成长需要多一份关注。

一、家长的自我关怀

时下，家长这一角色面临着前所未有的挑战：督促孩子学习的同时担心孩子深陷电子产品，超长时间近距离的亲子相处很容易看不惯孩子的诸多行为，在家办公要兼料理家务……当外在纷繁复杂的压力扑面而来时，我们疲于应付，容易陷入负面情绪而不自知。

相信家长们也会发现，当我们自身的负面情绪没有得到及时处理的时候，我们爱的能力是会削弱的，容易说不该说的话、做不该做的事。在面对孩子时，家长能保持比较理性平和的状态是诸多教育方法得以有效实施的前提。所以作为家长我们要有意识地进行自我关怀。

1.保持对自身情绪的觉察，不被情绪奴役

当生气时，我是否清楚地知道自己正在生气？是什么事让自己生气了？在生气的时候我容易做出怎样的错误反应？

举个例子，偶然间我们发现孩子在上网课期间刷朋友圈，火气突然就上来了：全家人为给他创造一个安静的学习环境大气都不敢出，他可倒好，不好好上课竟然玩手机。以往我们很可能一生气就毫无保留地训斥孩子或厉声责备，结果很可能是孩子以后玩手机时都会反锁门。试想当火气上来，可以做如下觉察：我生气了；我为什么生气——孩子不好好上课偷玩手机，辜负全家人的付出；生气的时候我容易直接对着孩子发脾气；发完脾气又后悔……

觉察给生气与自己的行为反应创造了一个缓冲的时间。觉察实则是一个帮助自己静下来、理清头绪的过程，而后更为理性地解决问题。

2.给自己创设一个独立自由的时间

家长每天超负荷地运转，没有放松的机会时，就比较容易变得烦躁或近乎崩溃。有意识地给自己创造一个独立自由的时间段，在这个时间段里只做自己喜欢的事情，不去关注孩子、家庭、工作等事情，每天花 20~60 分钟给自己充电。另外，正念冥想也是一个很好的充电方法，我们可以比较轻松地在音乐平台找到这样的音频，通过音频的指引带领自己回到当下。

总之，找到能够让自己补充能量的方式，当自我被安顿好了，我们才能好好地爱孩子、爱他人。

二、尊重青春期孩子的心理特点与心理需要

按照埃里克森心理发展八阶段理论，青春期的心理发展任务是自我统一性的建立，青春期的孩子通过人际互动及自我内省等方式来认识自己是怎样的一个人。所以我们应该时刻换位思考，我们的一言一行会让孩子有怎样的自我感觉。

从儿童期到青春期，不少家长可能感慨：我孩子以前很乖很听话，现在变得很反叛，总是要标榜自己的观点跟父母唱反调。其实，逆反期是大多数孩子心理成长的一种需要。不少的追踪研究发现，青春期的孩子若一味乖乖的，唯父母话是从，成年后会较大概率地回避冲突、形成回避型人格，或在与权威人物相处时，不能很好地表达自己。换言之，青春期的孩子存在逆反的需要，他们需要一个可以对抗的权威对象。

在他们的心目中，同伴的分量也越来越重，他们很在意同伴关系，通过同伴的交往认识自己。倘若这样的人际需要在现实中得不到满足，他们极有可能会投向我们家长担心的网络世界，这也可能是不少学生网络成瘾的一个开始。家长有必要去关注孩子在校的人际状况及宅家期间与同学沟通的情况，时常与孩子交流人际交往的技巧。

青春期阶段，被尊重的需要也被放大了，尤其是对其隐私的尊重。有时即使我们偶然知道了孩子的隐私，也不可公开讲出来。比如发现男孩子的自慰行为，妈妈可装作不知道避免孩子尴尬，让爸爸来

与孩子沟通。

受生理发育的影响，青春期孩子的情绪不成熟也不稳定。在我们家长面前，孩子可能说话很冲，说翻脸就翻脸，而在同学面前却有说有笑、收放自如。这其实就是一个情绪能力尚不成熟的表现，家人成了情绪的宣泄口。我们的适时反馈会促进孩子情绪的成熟，我们可以反馈："孩子，你这样不理我，会让妈妈觉得不知所措，我希望你能够在我说错话的时候告诉我。"

除了以上青春期孩子普遍存在的特点，家长们还是要多留意、多总结自己孩子的特点。比如，有些孩子虽然表面上反抗你，但事后还是会服从你的想法。当我们发现这个特点，在孩子反抗我们正确的建议时就能变得更从容些，而不是想方设法地说服对方。

三、留意并积极引导孩子的自我对话

我想问家长们几个问题：当与同伴发生人际冲突时，你的孩子自我对话是怎样的？是觉得自己是个不受欢迎的人，很难有一直要好的朋友？还是觉得对方是个讨厌的人，再也不要理他？还是觉得应该想办法去化解冲突？当面对挑战时，是鼓励自己克服困难去挑战？还是怀疑自己，一边说服自己逃避挑战一边又怕错失良机？这样的自我对话时常以类似的内容上演，形成一个人的思维与行为模式。

这样的自我对话是如何形成的呢？我一个学生被诊断存在抑郁情绪，他在初一、初二时成绩很不错，但初三后情绪日趋低落，成绩也下滑严重。因为初三的学生要相对更努力一些，这位同学觉得自己能力是不够的，别人奋起直追，自己一定会被落在后面。在与他妈妈的沟通中发现：妈妈在教养过程当中，更倾向于用披露错误或弱点的方式来激励孩子，即使是在孩子表现很不错的时候。有一次这个学生跟他妈妈说："我这次考得不错，下次我要努力考到年级前二十。"妈妈本觉得开心，却瞟了孩子一眼说："就凭你？学习习惯也不好，又不聪明，想想就好了。"正是与妈妈或其他权威人士的对话日渐积累，内化成孩子深信不疑的自我对话，影响了孩子的思维模式。

作为家长，在关注结果的同时，要多留意孩子面对诸多情境的自我对话：对自己正面或负面的自我评价，是积极正面的话语居多，还是消极负面的话语居多？当发现孩子自我对话偏向负面时，我们应该跟孩子就当时的情境展开讨论，不遗余力地与其负面对话进行辩论，这样当负面对话再次出现时，就能够用正面的语言去鼓励他。

另外，在与孩子的日常沟通中，我们要采用正面积极的词语跟孩子进行对话。当你想批评孩子懒惰时，可以换个正面的说法——"希望你更努力一点"；当你想说"东西明明就放在那，你就是看不见"，你可以说——"找东西可是要仔细观察的"。

四、重视亲子间良性的沟通

所谓良性的沟通，我们姑且通俗地理解为：这次对话完了，下次我还愿意甚至喜欢跟你对话。

我想邀请家长们粗略统计一下：当我们与孩子就某个话题聊天时，各自的说话量。孩子说："妈妈，看见我的数学书了吗？"你紧接着："又找不到数学书了？你好好想想自己放哪儿了？我不是总跟你说吗？养成一个好习惯，归类整理好自己的东西，今天找这个明天找那个，这得浪费多少时间啊。"在上面的这段对话中，我们明显感觉家长的话量过多，可能话还没说完，孩子就已经转身走了。我们是不是也存在这种情况呢？总想不失时机地教导孩子，却一不留神成了唠叨、啰唆，与孩子渐行渐远。这就提醒我们：与青春期的孩子沟通时，重要的前提是做好倾听与对话当下。如觉得有问题需要跟孩子探讨，可选择一个专门的时间展开讨论。再回到刚刚的例子，我们可以就当下的问题回应："没看见，需要我跟你一起找找吗？"

在与孩子沟通时，我们还需要留意自己的表情。同样的一句话，若表情语气不同，效果则相去甚远。宅家期间，我有个切身体会：当孩子的行为有违我的意愿时，就总想用自己的权威去压制他。可能语言本身没什么毛病，但表情却让我5岁的孩子很受伤。一次他哭着说："妈妈，你不可以用这样的表情跟我说话！"我才恍然：我们的大脑是图片式记忆，那个让孩子感觉很糟糕的表情可能比负面语言更长久地存入了孩子的"图库"。必要的时候，对着镜子感受一下自己习惯性的表情，是不是有需要改变的呢？

此外，在与青春期孩子沟通时，记住6个字：表感受，说希望。即当孩子的举动让我们感到不舒服时，通过表达感受加以反馈，让孩子明白自己的行为带给他人的影响；当我们想要批评某个错误的行为时，通过说希望来促进孩子向良性行为转变。

多管齐下，让自己尽可能成为孩子乐意沟通的对象。

五、重视家庭氛围的营造，建设学习型家庭

良好的家庭氛围不仅益于孩子的心理成长，更滋养着每一位家庭成员。《新校长》杂志总编辑李斌老师认为，学习型家庭，是一家人在疫情期"居家生长"的最好状态，也是一家人终生陪伴的最好状

态。建设一个学习型家庭是多少家长梦寐以求的，但觉得家里缺少愿意共同建立的同盟者。李斌老师提出，一个家庭，一定要有一个或几个"高能量"的人去主动营造"家庭学习场"。我们可以号召一家人一起制订家庭活动计划，例如有关当下难题的头脑风暴活动、家庭创作时间、家庭阅读时间、好书分享时间等，并积极去推动这些活动。

孩子不自信？家长请先自信

张 丽

寒假，对于很多青春期的孩子来说，喜忧参半。为什么呢？因为寒假既可以让孩子们暂时放下紧张的学习，与平时因学业而无暇见面玩耍的同龄亲友相聚，还可以在春节这一传统节日中收到来自长辈的压岁钱。但也正因为假期频繁与亲友相聚，父母们总喜欢将自己孩子的学习成绩、生活习惯等与别人家的孩子进行对比，让孩子们"深恶痛绝"。父母的此类行为不但没有激励孩子进步，反而破坏了原本良好的亲子关系，进而让孩子变得更加不自信。

若要孩子自信，家长首先要对自己自信。当家长将自己的孩子与他人孩子进行对比时，潜在的心理有两种：一是我比不上他，但是我可以让自己的孩子实现我没有实现的梦想，我的孩子可以超越他的孩子。二是我比他厉害，那我培养的孩子比他培养的孩子肯定要更厉害，这样我的优越感更强。家长们在将自己孩子与别人家孩子进行对比时，其实是将自己与别人进行对比。"人比人，气死人"，家长们都深谙此理，但是却无法真正地摆脱攀比的思维模式，因此变相的攀比让孩子成了"靶子"，最后孩子的心灵千疮百孔，变得更加自卑。

试问，谁是完人？以己之短比他人之长，岂有不败之理？每个人都有自己的优点、特长，父母如此，孩子亦如此。况且攀比根本不是表现孩子优秀的路径。若家长们都能真正地理解这些观点，就能用更平和的心态看待自己，使自己变得更加自信谦和。这种自信谦和也会传递给孩子，让孩子在潜移默化中明白：我有优点，也有缺点，我有能力让自己变得更好，我也将尽力让自己变得更好。

若要孩子自信，家长更要对自己的家庭教育自信。家长自孩子上学后从不同的渠道主动或被动地学习到很多家庭教育理念。譬如家庭教育的类型有民主型、严厉型、溺爱型等，再如非常流行的正面管教方法等。这个时候，家长茫然了："这些理论都很好，可是我都做不到。""我明明想要建立民主型家庭，可是当孩子不听话时，我就抄起了棍子。""我也知道不努力学习，孩子成绩就赶不上，但是看到孩子在不停地揉眼睛，我就让他停下来了。"……

事实上，没有完美的家庭教育，每个家庭都有自己独特的家庭教育理念。这些家庭教育理念大部分源自父母的原生家庭，小部分源自父母接受的家庭教育理论再学习。再有，现在很多父母工作繁忙，爷爷奶奶、外公外婆甚至保姆阿姨承担了一定的家庭教育工作，这就意味着孩子正接受更"复杂"的家庭教育。但不管怎样，父母始终是影响孩子成长最重要的人，父母的家庭教育理念始终对孩子最有影响力。

为人父母，没有范本和教材，养育孩子的过程就是摸着石头过河的未知旅程，也是一场只能"见招拆招""逢山开路""遇水搭桥"的不可逆旅程。既然如此，以把孩子培养成为"真、善、美"的人为大方向，父母就应该尊重孩子个性，让孩子具有自身独特的气质，而非让自己的孩子变得和别人家的孩子"一模一样"。在这场未知的旅程中，父母更不必苛求自己，若某一刻或某一件事做得不好，下次完善即可。关键是，父母要有反思之心、复盘意识和不断学习的精神。跟随时代的步伐、学校的步伐，在观察他人的同时，也葆有对自己家庭教育的自信，从容地与孩子共成长。

孩子自信的路上，家长要和孩子共成长。培养孩子自信的过程，也是家长不断自信的过程。第一，家长要帮助孩子找到自己的闪光点，树立正确的价值观。每个孩子都有自己独特的个性气质，后天的教育和学习是为了协助孩子的成长。因此，家长应教会孩子悦纳自己，学会接受自己的长处和短处，让自身的闪光点成为独特的个人标志，树立孩子的自信心。第二，家长要不断学习指导孩子学业的方法，与孩子共同探讨学习目标和学习方法，让孩子在进步中不断培养自信。孩子在校期间，学习成绩是其自信的主要源泉。但看得见的是分数，看不见的是分数背后的过程。高分的取得与努力、方法、毅力等多种因素相关，孩子若能得到父母有效的指导，并在克服困难后取得好成绩，孩子和家长的自信都将得到有效提升。第三，家长要学会适时放手，让孩子在生活的广大天地中拥有对生活的掌控感，提升生活的技能和自信心。在父母的眼中，孩子总是长不大，总是不能很完满地做好生活中的事情，这是父母不愿意放手的主要原因。可孩子的成长，不就是从不完满到完满吗？孩子的自信心，不就是来自从不会到会的喜悦和自豪吗？第四，家长要敢于、善于用积极的语言与孩子沟通。受传统的影响，父母们经常羞于表达对孩子的爱和鼓励。有的家长甚至认为频繁地表扬会让孩子骄傲。试想，若前方有蝴蝶、花朵，孩子们会不愿意欣然前往吗？鼓励的语言就是蝴蝶、花朵，家长们多表扬孩子做事的过程，用美好的目标引领孩子成长，孩子将会更有勇气和信心去面对未来。

"在真实的生命中，每桩伟业都由自信开始，并由信心跨出第一步。"拥有自信，能让人拥有更阳光的心态，也将拥有更多面对困难的勇气。自信具有感染力，自信的孩子背后一定有自信的父母。家长们，要相信自己，更要相信自己的孩子！

习惯培养

学习中的目标管理

洪 洁

心理学认为，期望是心理需要的一种表现形式，与需求有着非常密切的关系。当人有了某种需求，他便会用行动去实现目标，以满足自身的需求。美国学者博恩·崔西也说过："要达成伟大的成就，最重要的秘诀在于确定你的目标，然后开始干，采取行动，朝着目标前进。"

一、制订目标

（一）高度定位——生命线点燃梦想

心理学上讲"注意力＝事实"，大脑每天能处理的信息是有限的，所以它只会关注那些我们想要关注的信息，其余的都一概略过，这也就是我们说的吸引力法则。既然如此，当孩子有了伟大的梦想和明确的目标后，就会集中起所有的注意去关注与目标有关的信息。那么，怎样让孩子高度定位自己，树立梦想呢？家长可以选取典型人物，树立榜样，可以推荐一些名人的纪录片和人物传记给孩子看，和孩子一起绘制名人的"生命线"、探索人生榜样的成长经历。比如钱学森，我的学生绘制完他的"生命线"后，感慨道："他一生奋斗，终成国之栋梁。学习，是现在我能做的最好的事情。学习是我的责任，要成为有用的人。"这种榜样的引领，比任何物质奖励都要有效，也比任何精神激励都来得要坚挺。画完名人的"生命线"后，可以绘画自己的"生命线"。首先画出之前经过自己努力实现的三件事，这让孩子从过往的努力中体验到成功的喜悦；接着画本学期希望完成的五件事，这是从宏观角度制订生活学习的规划书；最后画未来总体的规划，这是学会高度定位自己。

（二）目标内生长——促成行动

绘制"生命线"点燃了孩子的梦想，那么我们的孩子是不是就能如我们所愿会朝着梦想前进呢？大多数时候并非如此，因为这是建立在一种理性认识中的。那我们如何帮助孩子把对目标的追求转化为自身生长出来的，一谈到目标就激动、就冲动、就有两眼放光等身体的反应？家长最为关切的，是父母该如何做才能帮助孩子拥有这种感觉，并逐渐强化，成为能让孩子一想到就会行动的有效目标。以孩子确定某个高中为例：

1.在孩子满足的时候谈目标

我们经常跟孩子说，你要是考上某学校，我就给你买什么，奖励什么。这种做法不是错，而是弱化了孩子最想要的目标，好像考上某学校是为了获得这个奖品，最终目的是奖品，如果有其他方法获得这个奖品，或者他不想要这个奖品了，那方法就失效了。这种做法对年纪小的孩子可能有用，因为他们的能力和自主权还不够，但对青春期的孩子来说，这种做法作用已经很小了。而比较有效的方法有：

①美食法。做孩子喜欢吃的菜，美美地吃一顿后，跟他说："看你这么刻苦，想吃什么尽管提，我全力支持你，你值得拥有。"

②孩子想买的东西，直接买。告诉他："不用谈条件，你有想法我支持！"孩子会感到极大的满足。这个方法适合偶尔使用或关键时使用。

③孩子需要的东西，悄悄帮他买回来，召集家人一起，大家表示支持他实现自己的愿望。这样做的好处是让孩子相信你、相信自己值得拥有，内心得到满足后再谈孩子的升学目标是什么，并表达支持。

2. 搜集材料

利用各种资源和机会，了解学校。

3. 邀请孩子参观学校

在参观学校时，引导孩子思考：你到了这个学校会做什么？会有怎样的生活？大胆畅想，让孩子向往这里的校园生活。

4. 堆积正向信息

告诉孩子在这所学校他会有光明的未来。带来孩子看从这里毕业的优秀学姐学长去了哪。

在学生步入初三第一天，孩子们激情满满时，我便问他们将来想要进入什么样的高中，他们一个个争先恐后地说出了自己理想的高中，教室里顿时气氛热烈起来，每一个都一副撸起袖子加油干的气势。此时，我随即让孩子绘画"我的高中梦"的海报，包括我的理想高中、奋斗格言、我的奋斗方法，接着在全班同学面前展示自己的"我的高中梦"。这一富有仪式感的活动，让学生的奋斗目标更为清晰。初三期间，我不时地搜集一些高中的资料，如宣传手册，让孩子了解到一些高中就有北大的校长实名推荐的资格。鼓励孩子与家长一起去参加高中学校的开放日，如宝安中学开放日的时候，我邀请孩子到高中部来。孩子们参观了宿舍、食堂，了解了社团活动，感受学习氛围。

（三）具体原则——SMART原则

一个合格的目标是遵循SMART原则的目标，这一原则是管理大师德鲁克在《管理实践》中提出的目标管理方法。我们先来看个例子：

期末考试到了，一个同学发现数学科目比较难，他打算从周末开始复习，他制订了几个计划，请来看看下面哪个计划比较好：

A.这周要好好学习了，不然对不起"江东父老"了。

B.这周要先复习数学，其他科目先放放。

C.这周要复习完数学。

D.这周要复习数学的5个知识点。

答案是D。我们可以根据这一原则分析其他选项不是最佳选项的原因。SMART原则中，"S"代表的是具体化：目标能用具体的语言清楚描述，是明确的。A选项中学什么呢，一点也不具体，像中考体育满分就是很明确的目标。"M"代表的是可衡量化，就是要有明确、能被量化的数据指标。比如，在假期读完三本名著，背完十首古诗。B选项中复习多少呢？不可衡量。"A"代表的是可实现的：制订目标时不要一下子把目标定得太高、太难，当完不成目标时会有很大的落差感，对自己的信心也会造成打击。C 选项不太实际。一周能把数学复习完？这不太可能。"R"代表的是相关的：设定的目标必须和自己的身份以及理想相关联，如学生的身份相应的是学业有长进。"T"代表的是时限性：完成目标是有时间限制的，完成一个目标是一周还是一个学期，这要很清楚。

二、执行目标

（一）基本原则——合理分配任务

合理分配任务，把主要的精力放在对的位置上，是执行目标的第一步。那怎么分配任务才合理呢？我认为四象限时间分配法可以帮助孩子学会分清事情的轻重缓急，执行起来更简单和高效。

美国著名的管理学家科维先生提出了时间四象限法，指的是将手头的事情，按照重要和紧急的维度划分为四个象限。第一象限——重要又紧急；第二象限——重要不紧急；第三象限——紧急不重要；第四象限——不重要不紧急。

A（重要又紧急的事情）：指"必须做的事"，是关键事务，不做会让人焦虑，要立刻去做。如当天要交的作业。

B（重要不紧急的事情）：指"应该做的事"，是很重要，但不需要马上去做的事。如回顾知识点、预习、培养自己的特长。

C（紧急不重要的事情）：指"可以去做的事"，相对于前两类事，是价值低的一类事。这类事情可以靠后或安排在放松时段解决。如学习期间父母安排的家务。

D（不重要不紧急的事情）：指"与实现目标没有关系的事"，

没有必要花太多时间。如打游戏。

下面两个学生的任务分配，谁的更合理呢？

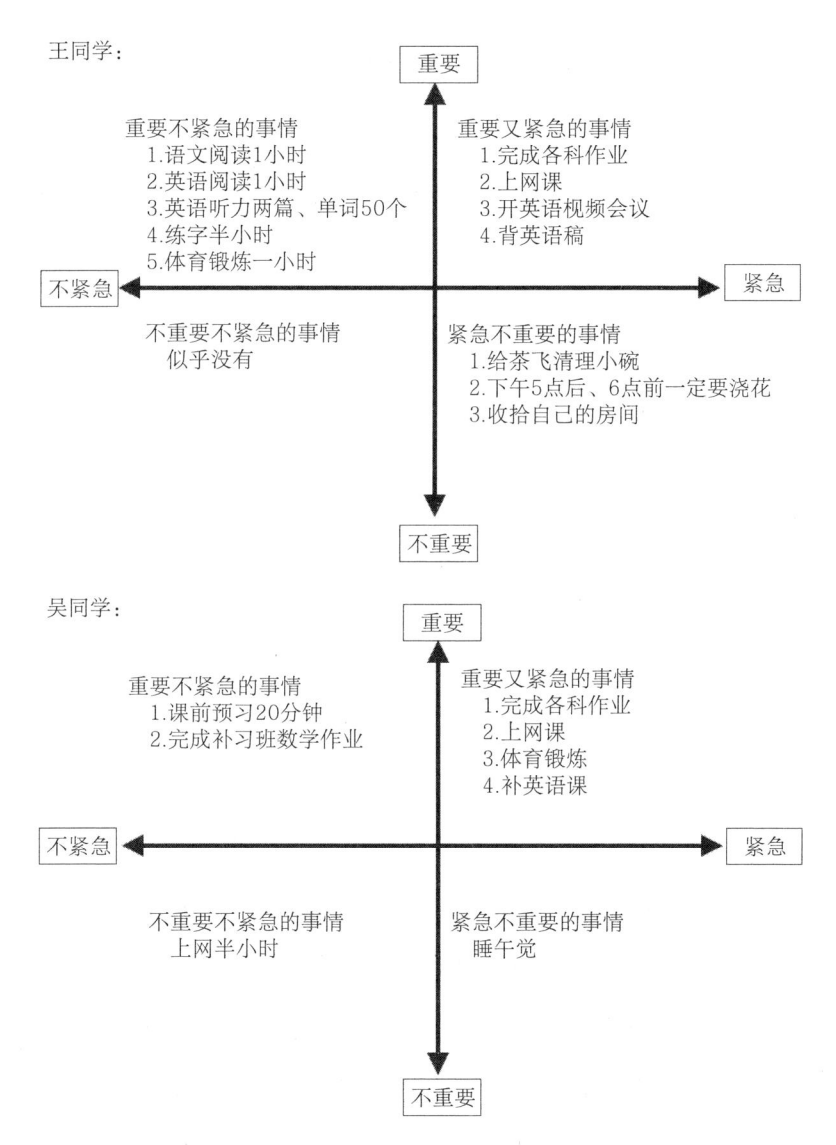

王同学：

```
                        重要
                         ↑
    重要不紧急的事情      |   重要又紧急的事情
    1.语文阅读1小时        |   1.完成各科作业
    2.英语阅读1小时        |   2.上网课
    3.英语听力两篇、单词50个 |   3.开英语视频会议
    4.练字半小时          |   4.背英语稿
    5.体育锻炼一小时       |
不紧急 ←─────────────────┼─────────────────→ 紧急
                        |
    不重要不紧急的事情    |   紧急不重要的事情
    似乎没有             |   1.给茶飞清理小碗
                        |   2.下午5点后、6点前一定要浇花
                        |   3.收拾自己的房间
                         ↓
                        不重要
```

吴同学：

```
                        重要
                         ↑
    重要不紧急的事情      |   重要又紧急的事情
    1.课前预习20分钟      |   1.完成各科作业
    2.完成补习班数学作业   |   2.上网课
                        |   3.体育锻炼
                        |   4.补英语课
不紧急 ←─────────────────┼─────────────────→ 紧急
                        |
    不重要不紧急的事情    |   紧急不重要的事情
    上网半小时           |   睡午觉
                         ↓
                        不重要
```

在我看来，王同学的任务分配是比较合理的，因为他不仅很好地安排了重要紧急的事情，而且还在重要不紧急的事情里面花费了大量的精

力，而这恰恰是创造核心价值的事情。而吴同学把大部分精力都放在重要又紧急的事情上，这会让人长期处于紧张和焦虑的状态之中。

希望孩子每天早上起来用 10 分钟时间梳理当天要完成的任务，根据学习任务的轻重缓急，将其分配在四象限中，这里有几个小技巧：

1. 要事第一原则，歌德曾说，重要之事决不可受芝麻绿豆小事牵绊。要在自己精力最旺盛的时候安排重要又紧急的任务，目前，高效高质量地完成课后作业是重要紧急的任务，可占 30% 的时间。

2. 重要不紧急的任务可以安排较多的时间，有计划地完成，未雨绸缪可占 60% 的时间。

3. 紧急不重要的任务利用碎片化时间完成，可占 5% 的时间。

4. 不重要不紧急的事情尽量少做，绝对不沉迷，正式开学期间，手机是不能沉迷的。

（二）助攻方法——目标可视化

在执行目标的过程中，还需要将大目标分解成小目标，把小目标变成习惯，即目标可视化，这是执行目标的有效方法。使用"番茄学习法"，它能让时间看得见、摸得着。

以下是我指导学生使用"番茄学习法"的具体案例：

我指导的对象是一名七年级的学生，她在此之前对"番茄学习法"有一定的了解，偶尔有使用，但没有形成连续性，只是执行某个任务时使用。我将"番茄学习法"记录表给她，指导她学会记录。首先要从四象限任务清单中，将今天需要处理的任务摘录到"番茄时间"记录表当中；接着是执行任务时，每完成一个"番茄时间"就在该事项的后面打"√"，并记录完成这项任务所花费的"番茄"数。每天结束时，统计当日所完成的总"番茄"数，并对当日工作进行总结。

第一天学生反馈回来的记录表，有实际使用"番茄"数多于预计的情况，我随即询问学生原因：是"番茄时间"内分心了吗，还是任务的容量大了？希望学生明天可以及时调整。第二天我以为能及时收上记录表，结果家长晚上跟我说，孩子突然有视频会议，记录表还没有完成，希望明天再继续。我才明白，可能孩子是完成一天任务后才开始填写记录表，我跟家长说，记录表和完成任务要实时同步才能起到良好的效果，不能所有任务完成后才开始填表。如果有计划外的任务，可以填写在表格中的计划外事项中。在连续跟踪指导5天后，孩子一共完成了75个"番茄时间"，家长反馈，孩子从一开始的基本能完成目标任务到后面越来越高效。孩子也说每当欣赏完自己做的多个"番茄时间"时，心里就很有成就感，进而喜欢上了"番茄学习法"。

在这个过程中，学生的家长是全程参与、及时与老师沟通的。后来这名学生把这张"番茄学习法"记录表打印下来，贴在书桌、床头等醒目位置，每天坚持记录。

（三）强化巩固——刻意练习

每个人都疑惑过，决定我们成就的，到底是天赋还是努力。大多数人都以为"杰出"源于"天赋"，而天才却说，我的成就源于"正确的练习"。美国心理学家安德斯·艾利克森常年研究发现，杰出绝不是天赋的必然结果。真正成就天才的关键在于刻意练习。各领域杰出人物都靠大量练习，优秀的乒乓球运动员、优秀的演讲者、优秀的足球运动员，都离不开至少1万小时的科学训练及比赛经验。引申到学习上，"学霸"也都经过无数次的有目的的训练。孩子们要思考：我的数学学不好，是不是定义、定理应用的次数还不够？易丢分的题型训练的次数还不够？语文学不好，是不是阅读量、积累量还远远不够？实现目标和强化巩固某个目标，需要反反复复地训练，科学地去训练。

当然了，这种刻意的练习是在舒适区之外的。舒适区是你已经完全掌握的区域，没有学习难度。学习区是你还没有完全掌握的区域，对你来说有一定挑战，感到不适，但不至于太难受。刻意练习主要发生在学习区，因此，家长要鼓励和创造条件让孩子坚持练习，而且是在舒适区之外的领域进行练习，达到既定的目标并强化巩固这个目标。

三、总结目标

目标在执行了一段时间后，效果如何？哪里需要调整？为此，我们需要对目标进行反馈、改进。在这里，我有几个注意事项分享给大家：

1.睡前复盘。每天睡前花半小时时间整理自己的学习资料及书桌文具，为明天的学习做好准备。在脑海复盘一整天的学习情况，可采用思维导图的方式，将各科学习成果量化，如英语科目完成两篇文章阅读、背诵20个单词等，这样可以加强记忆。

2.将"番茄学习法"记录表的内容汇总成有效的数据和信息，以此计算学习的效率和容量。如每天都要重复完成的任务，可以计算每天完成的时间，从而得知效率有没有提高。

3.及时奖励，延迟满足。集"番茄"兑换奖品，不同数量的"番茄"兑换不同的奖励，这个奖励可以是减免一些任务，也可以是物质性的，家长可以和孩子协议商定。

家长要关注孩子学习的专注度，把握孩子的学习节奏，引导孩子制订新学期的目标，学会高质量地执行目标，有效地总结目标。

帮助孩子形成科学作息习惯的小窍门

彭 丹

在家长的困惑清单中，我看到有这样的问题：计划制订了，比没计划好多了、规律多了，但是如何更好地跟进实施是个问题，在践行中还是会出现一些没能按计划进行或完成的情况。比如说早晨还是会起得晚，出去运动了就拖时间晚回家，耽误到下一项计划完成。该如何跟进督促，保障计划有效实施，有质量地完成呢？

我们家长到底该怎样做，孩子才会一丝不苟或者执行80%以上的计划呢？下面我来分享六个核心要点。

第一点是共同约定，就是说这份计划是跟孩子一起探讨的结果，是孩子愿意参与的。家庭成员先头脑风暴出需要做什么，然后再共同制订出得到孩子认可和愿意参与的计划，那才是真正有效的计划，而不是全部由家长安排，孩子只是去做。计划是共同约定，基于平等和尊重孩子的前提，这是良好的开始。

第二点是良好氛围。人是群体性动物，需要互相支撑。首先以家庭为单位，建立一个团队，父母和孩子各自执行自己的计划，互相监督履行。再让孩子建立第二个团队——同伴成长学习小组，同龄人共同督促履行，这样就会有一个良好的氛围。

第三点就是呈现进步。呈现进步有很多方式，首先是对于孩子已经做到的方面予以反馈和肯定，可以是每半天总结一次，让孩子体验到进步的快乐；其次，设置一个与计划表相对应的日程表，挂在家中显眼的地方，每一天孩子做到了计划中的哪些项，家长就可以画勾或者画星星，让孩子看到自己的坚持，让全家见证孩子的进步，这是一种巨大的成就感；最后，呈现学习的进步，孩子的坚持是否带来了做题的提升，是否带来了学业成绩的提高？进步呈现很重要。

第四点就是适时暂停。如果天天按照计划来运行，会给人带来沉闷的感觉。人生来是追求自主权和自由的，不像机器人能按照程序设定去执行。所以我建议给孩子正常过周六、周日，周末就不按计划运行，让孩子有喘息的机会。孩子能自主安排周末，然后就能精力充沛地投入下一周新的学习中。

第五点就是恰当调整。计划表实施一周或两周之后，孩子觉得有必要做一些调整了，也是可以的，这样会有新鲜感。同时要保证孩子有充分自主的时间，父母不要从早到晚跟着孩子，家长只要抓关键的东西。家长要给孩子自主呼吸的时间、发呆的时间，孩子有了自主的时间才会更有动力。

第六点就是美好感觉。有几点美好感觉家长是一定要把握的：吃饭前要让孩子有美好感觉，家长要找出进步的地方予以肯定，鼓励孩子；睡觉前一定要让孩子有美好感觉，这样孩子在关键点和生活节点都有美好感觉，身心就会比较愉悦，人身心愉悦了，做事就更有劲、更有动力了；在实施计划的过程中要让孩子保持美好感觉，减少批评和打击。对于做得好的地方，家长要予以肯定和鼓励；对于做得不好的地方，要做正向引导。对于计划，家长不要总是质问孩子："你不是说几点钟做什么吗？为什么还没有做呢？"可以换一种说法："我们来关注一下，你这个时间应该做什么了？你接下来怎么安排？"要做什么可以让孩子自己说出来，孩子自己说出来的事情，自己去做会比较有动力。

　　以上六点就是我的一点经验总结，希望能帮到各位家长朋友。

父母如何引领孩子做好时间管理

蒋雅丽

孩子做作业拖拉磨蹭、学习效率低、作息时间乱、晚睡晚起、手机不可控等大多都是因为缺乏时间观念，总是觉得还有很多时间。比如写作业的时候，孩子觉得时间还很充裕，就会先玩一会儿再写，这时家长可能就很着急，有的家长甚至开始抓狂、咆哮，但不管家长是讲道理、摆事实，抑或是发脾气，孩子依然很磨蹭，特别是在假期里，孩子拥有了更多的自由空间，由于没有很好的时间管理能力，孩子很容易感到无聊、焦虑，父母们也变得焦虑、抓狂。

能不能做好时间管理，往往也是一个人能力的体现。事业有成的人，可能因各种不同原因而成功，但是，这些人的共同之处就是他们往往都是时间管理的专家。

想让孩子不再拖拉，培养孩子管理时间的能力，首先要让孩子对时间有一个清晰的感知。

管理的对象不是时间，而是每一个使用时间的人，其本质就是自我管理。我们管理时间首先是管理对时间的认知、对时间的感知力。如何让孩子不看钟表也知道时间，如何让孩子体会再不出发就会迟到的紧迫感呢？

游戏是孩子最喜欢、最容易接受的学习方式，这种方式既能玩又能学习，一举两得，是让孩子认知世界的好方式。我们可以通过跟孩子一起玩时间觉察力游戏，有效地帮助孩子建立时间观念。与孩子一起玩时间游戏，实际上是帮助孩子与时间交朋友，让孩子感知时间这个朋友的存在，明白自己的行为与时间的联系。这样一来，以后想让孩子提高效率，教孩子进一步掌控时间，就能轻松实现了。

如何感知时间点呢？1分钟、10分钟、1小时到底有多久呢，洗澡到底要多久呢，写字到底花了多长的时间呢？孩子从一开始是没有什么时间观念的，我们可试试以下的游戏。

1.比一比，谁厉害

和孩子一起做1分钟可以数多少个数字或者鼓掌多少下的游戏。家长还可以引导孩子思考，为什么同样的时间，有时候完成的任务多，有时候完成的任务少，你和别人在同样的时间里完成的量也不同。这样孩子就能知道原来动作快慢会影响任务的完成量。比如早上10分钟是否可以完成刷牙、洗脸、穿衣等任务，家长给孩子计时，不是为了督促，单纯做时间记录，可以帮助孩子进行横向比较。通过这个游戏，孩子慢慢地就会明白自己的行为和时间之间的关系。

2.猜猜现在几点钟

这个游戏适合那些在认知时间方面有一定基础的、处于小学阶段的孩子，玩这个游戏时需要调动一切感觉系统才能感知到时间。游戏的过程非常有趣。大多数时候，如果我们想知道当前的时间，一般会直接看钟表或者问别人。现在，让我们来做一个改变，下次想知道现在几点的时候，不要第一时间就看表，而是先猜测一下，当然不能瞎猜，而要基于对时间的理解，通过逻辑推理去猜。不管是孩子还是成人，都可以玩这个游戏，这个游戏还适合全家人一起玩。

其次是如何规划时间。

孩子的时间管理计划表有以下几个问题：

问题一：计划表只打了50分，你的心情是怎样的？

你可能会焦虑，会失去耐心，怎么只打50分，只做到一半，计划好的事情都做不到；你可能会每时每刻都提醒孩子认真执行，以达到自己期望的100分，也可能抹杀孩子进步的机会；你可能会发火，把关注点全放在那没有完成的50分上。如果家长总是盯着孩子的不足，总是想让孩子符合自己的期望，那这背后其实是家长的控制欲在作怪。

问题二：执行不下去怎么办？

孩子在清单列好后自觉执行的难度非常大，孩子是没有那么高的觉悟和自觉性的，一定要指定一个执行监督人。需要特别注意，不要随便更换执行监督人，假如周一到周五都是老人负责监督的，那即使是爸爸妈妈周末在家也一样要让老人监督，否则孩子可能钻空子，导致执行不到位、坚持不下去。监督人自身时间要管理好，做事要有条不紊。

行动得不到即时反馈，孩子是没有动力坚持的。我们给孩子记录积分就是在人为创造即时反馈，让孩子知道自己进步到何种程度、取得了哪些成绩，这样孩子就有足够的动力继续向前迈进。积分表和积分图就是很好的记录工具，这也是行为主义的强化理论，至于积分规则如何制订，积分表如何使用，怎样选择合适的奖励系统，家长可以去网络查找相关的资料。我就是给孩子买了一个透明的储存罐，还找来5角、1元的硬币，每天完成一个任务就奖励多少元，每天晚上把硬币直接放到透明小熊罐里面，让孩子看到自己的成绩和努力。

问题三：迫不及待，全面开花

一日计划表，从早上起床到睡觉，到写作业等，安排得紧紧凑凑的，看似计划很周全、详细，可是几次执行下来，孩子的积极性不高，刚开始还有新鲜感，没过几天就要家长在后面催。孩子在前面做，家长就在后面催，很费力的感觉。家长不能操之过急、贪多，一次最好训练一两个习惯就够了，一下子给孩子太多，孩子也无法消化，进而产生抗拒情绪，结果适得其反，孩子不愿意配合，甚至发生跟家长唱反调的情况。这不利于好习惯的培养，要秉承少就是多、慢就是快的原则。

在时间管理领域，清单是很重要的工具，想让孩子快速行动，就需要给孩子使用清单。为什么我们要把任务做成清单，因为只有把任务列出来，孩子才会更加明确地知道自己究竟要完成哪些任务。如果不借助清单来记忆，家长就只能用语言催促孩子，启用清单这个有效的工具之后，孩子只要通过一段时间的练习，就能潜移默化地形成习惯，这时就不再需要清单了。接下来，家长就可以继续培养孩子的下一个习惯，执行下一个习惯清单。清单可以分为生活类清单、学习类清单、规则类清单。生活类清单包括晨起清单、睡前清单等，涉及各种日常行为；学习类清单主要是围绕家庭作业和专业学习等；规则类清单主要围绕玩游戏、使用电子设备等规则的制订。不同年龄阶段的孩子适用的清单是不一样的，因为在不同年龄段，孩子需要训练的习惯各有侧重。把一天的计划表分成几个小的综合性的任务清单，比如早起清单、早睡清单、写作业清单。

早上起不来、赖床的原因就是晚睡。充沛的精力就像蓄足电的电池一样，可以支撑孩子全身心投入去做一件事情，让孩子做事更有效率。所以，时间管理的基础其实是精力管理，影响体能、精力的因素主要有睡眠、饮食和运动。睡眠应该是排在首位的。制订游戏化的睡前清单，比如成长树。我们不要苛求孩子一下将上床时间提前很多，这样很容易激发孩子的抵触情绪。家长只需要和孩子商量能否每天提前5分钟上床睡觉，因为只需要提前5分钟，孩子会觉得难度不太大，就比较容易跟家长达成共识，愿意执行家长的方案。孩子每天能提前五分钟上床，就能获得一次积分机会，但要注意：尽量早一些吃晚饭，适度运动以助睡眠；尽量少安排外出聚会，否则会打乱孩子的生活作息；家人需要创造安静的睡眠环境；尽量不在睡前批评、责备孩子。

时间管理其实就是合理安排事情，而合理安排事情也是一种整理，是对思维的整理。培养合理安排事情的能力，短期内不容易见到效果。如何将这种能力可视化？收纳整理物品就可以将这种能力可视化，思维的整理与实物的整理之间有直接的关系，收纳整理跟时间管理一样，都是在训练孩子思维的条理性，管理人生，先从管理书包、书桌，整理房间开始。从物品的取舍到任务的取舍，最后培养出孩子的时间管理思维。

和孩子一起制订时间计划表，要和孩子就内容达成共识，最好让孩子把制订的内容写下来，这样，他们的参与感、内心的成就感就会高，执行的积极性就会增加。我们家长要针对孩子可能出现的反复，做好充分的心理准备，遇到孩子进步时，家长要及时给予表扬和鼓励等正面反馈；遇到孩子犯错时，家长要诚恳指出问题，提出合适的改进方案，帮助孩子在刻意练习的过程中不骄不躁、稳步提升，最终达成目标。我的孩子寒假里坚持做家务打卡30天，学会了煮饭和做几个简单菜，喜欢我给他的昵称——"暖男"；英语阅读打卡坚持60天了，越来越自觉和喜欢英语了，还主动要求打卡，充满了学习英语的自信。习惯的养成需要孩子每天的坚持行动，通过至少30天的积累，存在于表意识的行为模式才能形成；通过至少3个月的积累，存在于潜意识的行为模式才能初步形成。

家长朋友，让我们保持足够的耐心、温和而坚定，陪孩子一起练习，学习时间管理，成为时间管理达人。

如何引导孩子自主学习

樊万清

一场突如其来的疫情,让我们真正地体验了坐在家里就可以通过现代信息技术来实现的空中课堂学习。这样的学习方式对我们所有人来说都是一种挑战。对网课学习,我们都希望能够取得很好的学习效果。但我们也清楚地知道,学习是要辛苦付出的,是学习者的主动行为,其学习效果的优劣取决于学习者自主学习能力的强弱。如果学习者能够做到自主学习,那无论是在求学时期还是将来走向社会,对个体的长远发展都有很大的影响。

一、自主学习的认识

自主学习,是与传统的接受学习相对应的一种现代化学习方式,以孩子作为学习的主体,他们自己做主,不受别人支配,不受外界干扰。通过阅读、听讲、研究、观察、实践等手段,个体可以得到持续变化的行为方式,也就是指在学习过程中个体能够把学习当作自己的事情,自觉、自律、主动地去学习的良好习惯。

我们可以从两个层面来理解,一个层面是"学习意愿(will)",也就是乐于学习、自觉学习、喜欢学习,这个层面可以说是主观因素占主要；第二个层面是"学习技巧（skill）"，也就是学习时讲策略、讲方法、讲窍门，这个层面不仅仅是主观因素，也有客观因素的影响。

正如《学会生存》一书中所讲，未来的文盲不是不识字的人，而是没有学会怎么样学习的人。在当今知识大爆炸的时代，任何教育都不可能将所有人类知识传授给学习者，教育的任务必然是由学习者学到知识转化成培养他们自己学习的能力。

通过调查发现，有一些孩子似乎就是学习的天才，他们学习起来特别轻松，总能把握住知识的脉络体系，找出各知识点之间的联系与规律，运用适当的方法去"破解"考试，成绩都比较优秀。这些孩子是自主学习者，他们能够做到自主学习，应对考试绰绰有余。但现实中，这一类型的孩子是比较少的。大多数孩子，学习比较辛苦，面对众多繁杂的知识，无从下手，只能是疲于"应对"考试，成绩也不是很理想，而他们的自主学习能力是需要老师和家长们费心去教的。

二、引导孩子自主学习的策略与建议

作为家长，我们应该怎样引导、教育孩子学会自主学习，为他们的未来奠定基础呢？

1. 激发孩子自主学习的内驱力

青少年时期是形成良好行为习惯的关键时期，在关键教育期对孩子进行自主学习的教育会收到事半功倍的效果。培养孩子自主学习的习惯，要结合孩子的年龄特点，激发孩子自主学习的内驱力。家长需要做到以下三点：

一是尊重孩子，提醒学习。平等地尊重孩子，提醒他们做好自己学习的事情，而不是迫于家长的压力去学，孩子只有自由地按照自己的意志进行学习，才能对学习产生浓厚的兴趣。

二是注重过程，分析原因。对于孩子的学习结果，不是仅以简单的好坏对待，而是和孩子一起分析为什么会有这样的结果，原因在哪里，接下来怎样做才能有更好的结果。

三是肯定孩子，增进自信。孩子在学习过程中取得成绩时，要及时给予关注，及时鼓励，并和孩子交流心得，让孩子明白成绩是靠自己的辛苦付出所得到的，不断激发孩子继续求知的欲望，久而久之，孩子就能够主动发现知识内在的吸引力。孩子喜欢探索事物背后的因果关系，探索未知领域的奥秘与真相，这也是能够激发孩子自主学习的强大内驱力。

此外，家长还可以充分发挥智慧，设计一些活动，在活动中激发孩子自主学习的兴趣。一位家长引导孩子诵读经典诗词，每次总是家长提醒孩子之后，孩子才不得已去做，后来家长利用音频节目应用软件，邀请几个孩子的好朋友，共同组成一个小团队，父母与孩子们约定好每日由孩子自己主动上传诵读录音，孩子们互相点评等，然后结合伙伴们的点评，记录当日每人获得的点赞数，然后再结合孩子实际兑现所得奖励。这样就可以将学习融入有趣的活动中，家长站在孩子的角度，多肯定、多鼓励、多赞美，引导孩子在活动中体验、在体验中感悟、在感悟中成长。

2.强化自主学习的主人翁意识

学习中有的孩子缺乏毅力，自控能力较差，一旦遇到困难，往往不肯动脑思考，就遇难而退或转向父母寻求答案。在这种情况下，家长要以坚定的眼神鼓励孩子动脑思考，或者用热情的话语激励孩子攻克难关，或者给孩子一个拥抱，告诉他："爸爸妈妈相信你通过独立思考自己会解决的，你才是学习的主人，再试试。"家长的鼓励，可以使孩子产生战胜困难的信心和力量。

如果孩子经过独立思考，仍有有不懂的地方，那么家长要跟孩子一起去思考，一起去查资料，一起去请教老师或者其他同学或其他家长，陪伴孩子一起想办法解决问题。德国哲学家雅斯贝斯认为，教育是一种唤醒。家长在参与过程中，要注意自己引导者的身份，要尊重孩子的主体地位，多听取孩子的意见，多肯定孩子的自主思考行为。孩子经过不断的努力，最终解决了问题，这必然会增强他的自信心。

而后家长要与孩子进行深入的情感交流，多读一些名人故事，或者身边的人成功的故事，通过榜样的力量教育孩子，伟大的成功和辛勤的劳动是成正比的。几分耕耘，几分收获。学习不是一件容易的事情，如果谁能真正做好学习的主人，主动地学，自主地学，日积月累，便会在辛勤付出的过程中创造成功、实现自我。

3.培养孩子自主学习的责任心

责任心教育，要根据孩子的年龄特点，从对自我、对他人、对社会等几个维度来培养。从孩子懂事起，就要让孩子明确，自己的事情自己做。无论结果成功与否，这对孩子来说都是一种锻炼。学习也是自己的事情，要尽好责任主动学习；能够做到遵守纪律、勤奋求知，感恩为自己学习付出的他人，也是对他人负责；热爱生活，热爱自然，积极向上，也是对社会负责。比如，疫情防控期间，孩子们按照老师要求，严于律己，认真在家上网课，就是孩子履行好自己责任的表现。同时，家长也要做出榜样，不断学习，为孩子、为家庭、为工作尽好自己的责任。

很多家长非常重视孩子的教育，把培养孩子当作生活的最大重心，不上班或者想办法做专职陪伴者。比如，网课直播中，小学高年级的孩子，有时候还会听到家长在不断提醒，也能听到家长之间的对话。还有孩子学习或写作业的时候，家长坐在孩子的身边寸步不离，当发现孩子写错一个字时就迫不及待地马上去纠正，孩子的错误多了，家长的烦躁情绪就上来了，批评、指责，甚至动手打骂的都有。这样做会给孩子的心理增加压力，他们学习起来也会变得提心吊胆，孩子也会感觉学习是给家长做的事情。

其实，家长完全可以给孩子安静的环境让孩子自己独立去做，等孩子做完之后，先提醒孩子自己检查，努力把检查出来的错题进行订正。如果孩子实在是没有检查出来，家长再进行适当的指导，这时候的指导，家长会更有耐心，孩子也会听得入心。生活中，家长要遵循孩子的成长由扶助到放手的规律，要给孩子充分的时间、空间和自由，让孩子做好自己的主人，在这个过程中，孩子靠自己的努力达成目标，这样不仅锻炼了孩子坚强的意志，同时也培养了孩子的责任意识，锻炼了其自主学习的能力。

4. 发展孩子自主学习的思维能力

家长要注重培养孩子的自主学习、多元思考的能力。培养孩子的分析思维——结合学习，结合实际，多引导孩子分析知识之间的联系以及对知识点的把握；引导孩子通过独立分析，找到学习的窍门。在网课学习中，如何理清老师所授课内容，用什么方法才能达到最佳的学习效果呢？家长要引导孩子学会自主学习，培养孩子的思辨思维——学贵有疑，疑则有进。引导孩子在学习中，多问为什么，多思考其合理与不合理之处；进行多元化思考，善于提出自己的观点和想法。还要培养孩子的创造思维——培养孩子主动发现学习中的方法与技巧、知识间的联系与规律，以及适合自己学习的巧招妙计等。

培养孩子自主的多元思维能力是引导孩子自主学习的重要条件，这并不是一朝一夕就能完成的。我们要有充分的心理准备，并做好长久的陪伴规划。教育本身就是一个长期反复的过程，需要有顽强的意志和毅力，结合孩子的实际，不断摸索，不断尝试，不惜一切代价做有爱有智慧的家长，对孩子坚持进行"学会求知，学会做人，学会生活，学会创造"等方面的培养，引导孩子学会自主学习，从依赖逐渐走向独立，帮助孩子在瞬息万变的现代社会中有自己的立足和发展之地。

教育，需要等待，是一种慢的艺术，慢，需要平静和平和；慢，需要细致和细腻；慢，更需要耐心和耐性。

教育，需要用心，是一种心灵的艺术，柏拉图说："教育非他，乃心灵的转向。"

心灵究竟应该转向哪里？心灵应该转向爱、转向智慧、转向真善美。

家长如何帮助孩子培养自律习惯

潘代新

面对突如其来的新冠肺炎疫情，学校假期延长、开学延迟，为响应国家"停课不停学"的号召，学校开启了网络直播授课。这不仅改变了教师的上课方式，更改变了广大中学生的假期生活，改变了孩子们在家的学习和生活方式。这对于所有人来说，无疑都是一种挑战。对于新的教学模式，作为班主任的我，也曾感到迷茫，在这种虚拟的教学下，我该如何确保孩子是否在认真上课呢？相信这个也是每位家长的苦楚。

随着"停课不停学"的网络直播授课的普及，老师们对于各种设备早已驾轻就熟，准备大干一场。可是，我开始陆续收到各种问题："老师，我家孩子在上课的时候玩游戏""老师，我家小孩一会不看就在玩手机了""老师，我家小孩拿到手机就不撒手了"……孩子们作息不再规律，心思也开始变得散漫，缺乏兴趣，长时间玩手机或游戏，情绪也变得更加烦躁，等等。对于每个家庭而言，疫情带来的紧张和担忧，长期居家的不自由感，以及延期开学的情况，让家长们倍感压力。面对疫情，每个人都会出现紧张、焦虑或者恐慌等情绪，当然孩子也不会例外。这些情绪也是人类在遇到危险或者不确定事件时的一种正常心理反应。

但我觉得,这无疑也是一个宝贵的时期,集中暴露了孩子学习中的一些陋习。所谓"言传不如身教",家长是孩子们的榜样,如果我们好好利用这段时间进行调整,对于孩子的发展也未必不是一件好事。那我们要怎么做呢?我们要培养孩子,让他们养成自律的习惯,由我们逼着学变成自己爱学。拥有自律习惯的孩子,赢得的不仅是一时的成绩,更是以后发展的重要基石。自律是所有优秀人士的共性,是一个孩子最应该有的品质。作为父母该如何帮助孩子养成自律的习惯呢?

第一,家长要有稳定的情绪。家长要理智、客观,不信谣、不传谣,这样会让孩子有安全感。孩子常常通过父母的情绪和行为来观察与体验这个世界。对不同年龄的孩子,我们应该具备不同的说话方式。对于年龄大的青少年,我们需要说得更客观、更准确、更真实,甚至像成年人一样交流,和孩子一起探讨、一起思考、一起成长。在疫情防控期间,我们也经历了很多。比如,大人与孩子一起思考健康、生命、人与自然等;理解怎么去爱自己、爱别人,以及学习的责任和义务等,激发孩子的正能量,让孩子经过这件事情后获得成长;从"一方有难,八方支援""众志成城,武汉加油"中提升爱国主义情怀。

不过从另一个角度来说,这也增加了亲子感情交流的机会,以及陪伴孩子成长的时间。孩子难以管教,与孩子有关,也和家长有关。年龄小的孩子,学习的主动性还不够,需要家长指导和督促,孩子有时会偷懒、磨蹭,这时,大人的督促可能变成了唠叨,孩子可能不配合,出现抵触情绪。如果出现这种情景,家长可以尝试和孩子一起做计划。总之，家长要多鼓励、肯定。

第二，制订计划表。用计划表可以帮助孩子形成规律的作息，清晰合理地管理时间、管理行为，提升效率，计划表制订得越细致越好，不仅要有时间和任务的规划，还要有完成情况及每天总结。在制订计划的过程中潜移默化地培养孩子统筹安排时间、事务的能力。为了更好地落实计划，家长们可以根据孩子的特点、喜好以及家长的特长，同步制订出有家庭特色的奖惩制度。奖励的内容和形式也可以不拘一格：可以是一本孩子喜爱的图书，可以是家长和孩子一起下一局棋，可以是睡前的亲子故事，也可以是全家人一起玩"飞花令"……每天一次的小结一定要坚持，奖励和惩戒一样都要言出必行，这样计划才会行之有效地进行下去。

第三，保持仪式感。因为仪式感可以保持对工作学习的热情。孩子假期在家，起床就该换掉睡衣，端坐在书桌前，认真学习，保持学习的心态。从起居时间规划中进行行为改变，在行为改变中匹配实地上学听课的状态。例如：周一到周五按上学时间起床，在日常出门上学的时间让孩子换上校服，然后按课表对应观看网课，或者家长教学，或者完成遗漏的假期作业。

第四，树立自律榜样。杨绛先生说，榜样的作用很重要，言传不如身教。父母自己也要自律，不能拿起手机就放不下，一看电视就停不了。在家的时候，父母也要跟孩子一样，每天规律作息，工作并学习。

最后，做权威型父母。权威型父母通过说理和塑造权威跟孩子保持沟通，向孩子输出价值观。运用父母的权威给孩子立规矩，对孩子进行必要的管束。父母可以召开家庭会议，向孩子传递能量和价值，跟孩子一起制订计划，并进行必要的监督和推进。

读书也许很枯燥，自律也许难坚持，但是通过读书获得的知识，通过自律获得的习惯，将使人的一生受益无穷。言传不如身教，家长用自己饱满的情感去感染孩子，制订合适的计划表，保持学习的仪式感，相信孩子会慢慢养成自律的习惯。愿每一个孩子，在父母的帮助下，克服懒惰，培养自律，努力学习。

孩子需要与网络对抗还是共处

徐国秀

谈起青少年上网,可能我们大多数家长都是非常焦虑的。因为这个社会上有太多太多的青少年因为沉迷网络而耽误学业,甚至导致亲子关系恶化。然而,我们并不能因为网络有弊端,而切断孩子与网络的连接。为什么呢?

一方面,"00后"出生在一个网络世界,他们用网络生活。网上称千禧一代为"网络原住民"。于他们而言,网络就像阳光、空气和水一样,是他们与生俱来的"新自然",数字化生活方式是他们从小的生活方式。孩子们的生存不能脱离他们的"新自然"——网络。

另一方面,为了立足于未来世界,我们的孩子也必须尽早接触网络。世界经济论坛在2018年公布了它们对22个不同的经济个体的研究,推测2022年将有7500万份工作消失,有1.33亿份新工作随之出现。这只是短短4年的变化,那20年、30年后呢?随着科技的发展、AI时代的到来,我们的孩子将面临怎样的竞争?

北京理工大学软件学院院长丁刚毅在论坛上曾经说,AI时代,父母要改变思维方式,以批判性思维、科学思维去养育孩子,尊重孩子的生命个体,让他们能尽早接触互联网的新知,成为未来时代的主人。

一、网为学用

其实，于孩子而言，用好网络这个工具，可以帮助孩子链接到更广阔、更便捷的世界；帮助孩子开阔视野、增长见识、丰富生活、促进学习，做到网为学用。我曾调查学生对网络的一些看法，有学生说："我觉得网络最令未成年人着迷的地方就在于，它是我们看塔外世界的窗户，是近距离接触'真正的社会'成本最低的方法。如果我不用网络，可能在这次疫情中我就不会如此快地得知消息，也不会看到一些非主流的言论和波澜，就不会有那么多的反思和感悟。"

有的学生说："更广阔的信息渠道，意味着更多不同的声音，我不得不说我是在网上才学会了'允许与你对立的观点的存在'。能观察生活的角度变多了，也变杂了，因此我学着辨别消息真假，接纳与我价值观相符的观点组成我自己，分析与我不同的人的观点和视角。"

也有的学生说："游戏也不全是坏的。因为看游戏杂谈视频，我了解了各种我本来完全没有涉及的领域，比如'红皇后假说''国际象棋''草蛇灰线''悬念的设置''英雄的成长历程'等各种各样的信息，了解到作为创作者的不易。这些东西虽然没什么用，但闲暇之余能了解，引发更多的思考，我觉得很有趣，愈发感知到这个世界的辽阔。"

网络资源多种多样，电脑应用软件、手机应用程序琳琅满目。我们应该如何引导孩子用好网络，实现网为我用呢？在这里有几个小建议。

首先，我们可以教会孩子利用网络搜集资料，开阔视野。

家长们可以就某个特定的课题，和孩子一起收集资料，完成展示；可以给孩子推荐优秀的网站，分享资源；可以和孩子一起观看知识类、教育类节目，如《TED 演讲》《网易公开课》；可以和孩子一起观看奥斯卡获奖影片，一起探讨电影主题、电影人物，协助孩子把看到的事物和现实联系在一起。

其次，可以借助程序辅助孩子学习，提升学业。

当下优秀的学习类软件、视频网站、英语工具类软件等是读背英语、提高听力的得力助手；古诗词工具软件可以实现随时背古诗词；阅读类软件是分类、积累素材的好帮手；线上做题类软件里有一些很棒的拓展教学；视频网站除了剧集之外，有很多教学资源，涵盖学校所有课程，甚至还有奥数题讲解；播客类软件是优质的听书平台；效率类软件可以帮助管理时间。

此外，还可以寻找网络平台，帮助孩子展示自我，丰富生活。

培养孩子健全的网络素养，不应只停留在功用层面，还应该激发孩子的求知欲望，激励孩子主动探索、表达个性。在这个展示和交流的过程中，孩子所获得的满足感和成就感，可以激励他们正向使用网络，提升生活品质。如果拿到手机那一刻，孩子着急查看音乐软件中有多少人喜欢他发布的音乐作品；着急在社交平台上分享今天的所见、所闻、所感；着急回复读书论坛的讨论；着急在视频网站上发布最新的手绘漫画、摄影作品、橡皮图章……到那时，孩子们的网络生活就会变得多姿多彩了，不再单一乏味，那么孩子们沉迷打游戏、追剧等现象自然会大大减少。

二、安全上网

然而，网络世界包罗万象，网络信息良莠不齐，各种软件好坏参半。作为家长又如何放心让孩子上网呢？这是我们今天要分享的第二个问题。

在电脑上安装具有屏蔽功能的软件，并设置密码，这是我们当下很多人的选择。当然，这也必然能过滤掉部分少儿不宜的信息。但是，家长不可能时刻充当孩子的保护伞，教会孩子独立思考、甄别信息等安全上网技能才是根本。我们要教会孩子哪些技能呢？

1.学会甄别信息，不盲听盲从，健康上网

网上很多信息都言之凿凿，看起来有理有据，实际上却是歪曲事实。教孩子甄别信息，可以从辨别信息源开始。一般情况下，官网、官方公众号、官方微博的信息是可靠的。

事实上，聆听多种不同的声音，辨别真假善恶，学会理性、独立思考是一个非常漫长的成长过程，不能一蹴而就。日常生活中，家长要偶尔和孩子一起分析讨论当下热门事件，教会孩子辩证看待问题。我们可以尝试从以下几个步骤来讨论：

（1）收集事件的背景，整体把握事件的来龙去脉；

（2）搜索网上的主流观点，分析观点的漏洞和偏颇；

（3）讨论每个发声人的立场、动机；

（4）设想不同网民的反应，以及这件事的社会影响；

（5）综合分析以后，提出自我见解。

此外，家长也可以和孩子一起阅读有关打假、辟谣的文章，这是最为便捷的做法。

2.学会自我约束，尊重他人，文明上网

网络世界言论自由，但是，我们也要对自己的言论负责。我们要教育孩子，发表言论不能过于偏激；评论他人的观点，用语要礼貌；

当双方观点对立时，要尊重他人见解，不得攻击、辱骂他人；网上分享，涉及他人重要个人信息时，要征得对方同意才能发布；如有做出损害他人之事，要勇于承认错误、赔礼道歉。

3.提高警惕，保护个人信息，安全上网

当下，不法分子利用网络盗取信息、坑骗钱财等现象时有发生。为避免不法分子有机可乘，我们要教育孩子提高警惕，注意保护个人信息、财产和人身安全。例如：

- 不随意登记或注册信息；
- 不透露个人真实姓名、生日、身份证号码；
- 不透露家庭成员信息、家庭住址；
- 不贪图小便宜，不随意抢红包，不参与抽奖，不领取从天而降的奖品；
- 不随意进入链接、参与投票；
- 涉及钱财交易，一定要告诉父母；
- 不私自约见网友。

三、制订协议

或许有的家长就纳闷了：如果能做到网为学用、健康上网，家长肯定不会反对孩子用网络。然而，在现实生活中却常常是，孩子一打开手机电脑，就完全不受控制了。这可怎么办呀？

现实的确如此。我曾在学生当中做过调查，即使是十分自律的学生也坦言，大部分时间能遵守电子产品使用协议，但是少不了深夜打游戏、被窝里看小说、半夜起来和同学聊天、沉迷社交网络、不舍昼

夜追剧等控制不住自己的情况。尽管他们知道那是错误的，尽管后来会自责、后悔，但是那时那刻他们的确是没管住自己。

现实生活中，除了教育孩子自律以外，也必须要有"他律"。2018年杭州一小学给全校800多名学生发了《家庭电子产品使用协议》，家长和孩子共同签订。内容如下所示：

1. 每周日19:00至周五17:00未经家长许可，不得接触任何电子产品（包括电视）。

2. 每周五17:00至周日19:00期间，经家长允许，可适当使用电子产品（包括看电视）。每天不得超过2小时。

3. 每次使用时必须适时停下来让眼睛休息，连续使用不得超过半小时，每半小时后必须让眼睛休息10~20分钟，用远眺或做眼保健操的方式保护眼睛。

4. 遇特殊情况需临时使用电子产品的时候，经家长同意后，应设定使用时间，在规定的时间内结束。

5. 使用电子产品不得浏览违规游戏与网页，不充值，不攀比，做到绿色上网，娱悦身心。

6. 不在网上泄露任何个人及家庭的信息，遇到网络诈骗或没有把握的事情立即告诉家长。

7. 孩子在使用手机、电脑等电子产品时，家长如无特殊情况应在边上陪同。

8. 在孩子做作业期间，家长不得在同一空间播放电视或玩手机干扰孩子。

9. 家长请自觉管理好家里的电子产品及各种账号密码，若非必要请勿告诉孩子！

协议上对孩子使用电子产品的时间、健康上网作了明确的规定，家长们一致赞同。作为家长，我们要特别关注7、8、9三条规定。孩子们之所以愿意签这份协议，一是因为这是学校的规定，必须要做；二是因为这份协议不仅约束孩子，也约束家长，让他们体会到了平等。

父母与子女平等对话，达成共识，这是协议的前提。对于有自我意识的中学生来说，这份平等对话尤为重要。因此，制订协议的时候，家长切不可未经商量定下条约，应心平气和地坐下来，召开家庭会议，和孩子一起商量条约内容，共同遵守。制订协议的时候，家长和孩子要注意就以下几方面问题达成共识：

· 为什么要置备电子产品；

· 电子产品使用时间规定；

· 遵守网络安全协议，健康上网；

· 接受督促，允许家长设定监管密码；

· 违反协议时，根据不同程度，接受相应的停用惩罚；

· 若屡次使用不当，家长有权利、有责任收回电子设备；

· 家长减少使用电子设备娱乐的时间和次数，以身作则。

制订协议宜早不宜晚。越早协议，越容易培养孩子正确使用电子产品的习惯。在协议初期，孩子相对容易遵守协议；时间长了，也难免有违反协议的情况发生。当孩子违反协议时，哪怕孩子软磨硬泡，家长都应该依照协议规定，要求孩子停止使用电子产品。这样可以强化协议的效力，培养孩子遵守协议的意识。当孩子连续表现良好的时候，家长应该提出表扬，给予奖励。但是要注意，不以延长使用时间作为奖励，最终还是要减少电子产品的使用时间。

网络虽好，但是如果孩子长时间沉迷于网络世界，不仅影响视力，还会削弱孩子的社会交往能力，甚至可能会导致孩子的性格孤僻内向。预防孩子沉迷网络与游戏的方法是培养孩子广泛的兴趣爱好，并建立良好的亲子关系。因此，家长要引导孩子在真实的世界中积累知识，收获成长。我们可以和孩子一起参加体育锻炼；可以一起策划一场家庭旅行；可以培养孩子阅读、美术、音乐等方面的兴趣与特长；可以鼓励孩子参加社会实践活动，参与社区服务、法律宣传等，在实践中拓展能力。

专注力"加减法",让爱更有力量

李志群

"整个世界好像串通好了要一致阻碍你拥有专注力。每时每刻,你忙于应付外界的各种干扰。"专注力的获得和保持,对于大人和孩子一样重要而且难得。在排除了病理性方面的问题,如大脑发育不完善等缘故,孩子专注力不好很大程度上与家庭有关。过多的干扰、无意的诱导、独断独行等都会影响孩子的专注力。对于父母来说,培养好孩子的专注力是非常具有挑战性的。

孩子专注力差,怎么办?

一、化繁为简,给生活做减法

"孟母三迁"的故事既告诉我们父母对子女教育之重视,也让我们明白环境对于一个人的影响之深。瑞典教育家爱伦·凯也曾指出,良好的环境是孩子形成正确思想与优秀人格的基础。若想培养孩子良好的注意力,成为一个专注的人,环境起着非常重要的作用。父母如果想让孩子专心做事情,应尽量减少周围环境对孩子的干扰,排除各种可能分散孩子注意力的因素,为孩子创造一个有利于专注力培养的环境,让他的专注力能够在环境的熏陶下得到提升和巩固。父母可以尝试在环境上做"减法"，通过以下几点来培养孩子的专注力：

1. 减少不良情绪，保持和谐的家庭环境

孩子的心很容易因为家庭琐事的影响而产生波动，从而影响自己专心做事。因此，父母应尽量避免过于热闹的家庭环境（电视、大喊大叫、亲友交谈等）或不融洽的家庭氛围，减少不良情绪对学生的影响，以和谐的家庭关系促进学生心境平和、沉稳，为专注力培养奠定基础。

2. 减少物品干扰，简化学习场域功能

家长在和孩子做好沟通后，可以将那些容易分散孩子注意力的物品如玩具、无关的学具等物品搬离学习场所，让房间和书桌保持干净整洁，只承担休息和学习的功能。

3. 减少过度干扰，保护孩子的专注力

蒙台梭利有句名言："除非你被孩子邀请，否则永远不要去打扰孩子。"家长对孩子过度的关心，比如，孩子写作业坐姿不端正时，家长就直接将其纠正；孩子专注于做他的小手工而忘记吃饭时打断他。久而久之，孩子的专注力就会因此受到影响而变差。因此，除了营造一个相对安静的环境之外，家长应尽量避免不必要的关心和过度干扰，确保孩子专注力的维持。

二、榜样示范，为爱做加法

杨绛先生说，好的教育，榜样的作用很重要。父母想要孩子做好，首先要做好自己，父母想要孩子提高做事的专注力，首先要提高自己做事的专注力，也就是说孩子身边最好的榜样就是自己的父母。

1.树立榜样的力量

当我认真地忙碌搞卫生时，身边两岁多的宝宝会慢慢地静下心来做自己的事，而当我有时候坐下来刷手机，孩子则会缠着我陪玩，从这一经验中我发现，当大人投入地做某一件事情时，往往会带动孩子也投入自己的事情中。大家也发现，当我们走进大家都在专注阅读的图书馆时，不管进场馆之前心境如何，到了这样的环境中一定会慢慢地被感染，默默地捧起书来阅读。当孩子在学习时，家长应以做家务、工作、阅读等活动取代玩手机、看电视等，以自己的认真引导孩子形成专注品质。

2.强化鼓励的作用

如果孩子能够专心完成任务，父母一定要及时给予孩子发自内心的肯定与鼓励，可以是热情而具体的表扬，如："你今天的作业不仅书写工整，速度也比昨天快了三分钟！""你认真阅读的样子真令人心动，我进来了两次你都没发现呢！"也可以是真诚地点赞。孩子在得到肯定与赞赏后往往会做得更好，父母保持赞赏的态度和持续的鼓励，会使孩子将这种成功的体验内化成积极的内心能量，从而转移到往后的学习活动中。

三、训练有策略，引导有方法

优秀的孩子不是天生聪慧，而是注意力足够集中，注意力是效率的基础，因此，适当的训练可以提升孩子的专注力。天下大事，必作于细；天下难事，必作于易。让孩子认认真真、踏踏实实地做好一件事情很重要。

1.重复

重复的事情重复做，认真的事情认真做。在重复的过程中孩子可以逐渐变得专注、心无旁骛，从而让事情完成得更好。

马尔科姆·格拉德威尔做过广泛的调查研究，发现所谓的天才像古典音乐家、冰球运动员等，获得成功最重要的一个原因就是练习，尤其是刻意的重复性练习。安德斯·埃里克森在柏林音乐学院也做过调查，学小提琴的孩子大都从5岁左右开始练习，起初每个人都是每周练习两三个小时，但从8岁起，那些最优秀的学生练习时间最长，9岁时每周6小时，12岁时每周8小时，14岁时每周16小时，直到20岁时每周30多小时，共1万小时。这就是著名的"一万小时定律"，人们眼中的天才之所以卓越非凡，并非天资超人一等，而是付出了持续不断的努力。1万小时的锤炼是任何人从平凡变成世界级大师的必要条件。著名画家达·芬奇、音乐大师莫扎特、微软创办人比尔·盖茨、苹果创始人乔布斯、美国游泳名将迈克尔·菲尔普斯等名人，在他们的专业领域投注都超过1万小时，他们专注阅读、思考、研究、实践，才有今日的成就。

生活中孩子练习骑自行车或是打篮球等活动也是通过重复的训练，在"练习—出错—修正—练习—掌握"这一过程中不断重复，最终才形成骑自行车或打篮球这些技能。没有人可以轻易成功，但成功也并非一件很难的事情，它需要你的坚持、毅力、耐心，重复一次又一次动作，以此获得一项技能，并且把技术提高到更高级的水准。

2.大声朗读

在家怎样通过一定的重复训练锻炼孩子的专注力？大声朗读是一个不错的办法。家长可以让孩子每天抽出一定的时间进行大声朗读，读的时间和内容不限，只要是孩子喜欢的即可。每天10分钟或20分钟，可以是朗诵类作品，也可以是课文等。重要的是让孩子通过大声朗读促进其做到眼看、口读、耳听、心在，通过这一形式调动孩子全身器官专注于朗读这件事。家长如果愿意抽出时间和孩子一起进行朗读训练则效果更明显。坚持每日大声朗读，不仅可以提高孩子看、听、读等能力，还能够让孩子的专注力在日积月累的自我训练中得到提升。这一方法被我运用于班级早读中，通过一个多月的训练，孩子的专注力明显进步了不少，朗读水平也随之提升。

3. 定量推进

不同年龄段的人，注意力能够集中的时间是不一样的。一般幼儿的为15分钟左右，小学儿童随着年龄的增长，能达到40分钟左右，青少年50分钟左右。美国对此有过研究，研究表明，成人高度集中注意力完成一件简单枯燥的任务，只能维持20分钟，然后就会出现错误。因此，家长可以引导并帮助孩子养成在规定时间内分阶段完成学习任务的习惯，改定时为定量，通过一个阶段一个阶段的练习与巩固，逐步调整与延长注意力有效集中的时长。

除了以上办法，阅读和运动也是很好的提升专注力的办法，如果孩子能够坚持每天都保持一定阅读和运动时光并乐在其中，孩子的专注力也可以得到训练。

儿童作家郑渊洁曾说过，闭上你的嘴，迈开你的腿，走好你的人生路，演示给孩子看。提高孩子的专注力，从父母做起，从一件件小事做起，删繁就简，让爱和陪伴更有力量！

孩子软硬不吃？那就软硬不施！

欧钰微

你是否有过这样相似的经历呢？越是提醒孩子快点起床、快点写作业，孩子表现得越慢；有时候好言相劝没用，无奈使用权威相逼时，孩子仍坚定地杵在原地、充耳不闻；孩子答应得好好的事，过了一天，又打回原形……

一、孩子软硬不吃的原因

孩子软硬不吃，很大原因是孩子自我意识越来越强，而家长使用的方式又不当，使孩子出现了父母所谓的"叛逆"。

1.自我意识变强

随着年龄的增长，孩子的自我意识越来越强，会更加渴望表达想法，并希望想法得到尊重。

小学生的自我意识，随着年龄的增长从低水平向高水平发展，在整个小学时期，小学生的自我意识不断发展，但不是直线的、等速的。例如低年级学生在回答"我是谁"的问题时，会从年龄、长相、家庭住址、就读学校等具体、外在的特征进行描述；高年级的学生回答时，会从品质、动机等抽象、内在的特征进行描述，但即使是小学高年级学生，他们对自我和社会关系的评价仍不是很稳定，对事物的辨别能力也会相对较弱。

所以良好的亲子关系，能帮助孩子健康快乐地度过小学"叛逆期"。

2.权威相逼

在小学阶段，若当孩子"不听话"时，家长还以"我是你的爸爸（妈妈）"管教，这样不仅不奏效，反而会适得其反，到了青春期，孩子会更加不从。因为权威相逼会挫败孩子的自信感、破坏亲子关系，孩子也会产生积怨的负面情绪。

3.惩罚相向

惩罚分为正惩罚和负惩罚，例如"孩子不写作业，就惩罚他不准看电视"属于正惩罚，又如"孩子不写作业，就减少他原本的奖赏"属于负惩罚，负惩罚相对于正惩罚使用得较多。

在小学阶段适当地使用惩罚可以帮助孩子改正不良行为，学会尊重他人，但惩罚要适度，否则孩子容易感觉不到父母对自己的爱，也不利于孩子把注意力放在解决问题的思考上。

4.礼物相送

礼物相送即为了让孩子完成某件事、养成某个好习惯，答应孩子在达成目标时，给孩子某个奖赏。

偶尔给孩子买礼物作为奖赏也是正常的，但若在小学阶段，父母总是采取此方式来引导孩子的行为，容易将孩子的内部动机转化为外部动机，也不利于孩子认识到事情本身的价值所在。所以使用此方式要适度，也建议在使用礼物相送方式时，做到延迟满足，不急于马上答应孩子的要求，可以一旁指导，或是用任务驱动、代币法等，引导孩子明白克服当前的困难情境可以获得更长远的能力。

5.好言相劝

礼物相送与好言相劝都属于"软"方式。如果有和谐的亲子关系，好言相劝，孩子是能接受父母的建议的，但若父母在孩子眼里是不信守承诺、不以身作则、没有威严的，孩子也许就是"假装接纳"。

二、正确的教养方式带来和谐的沟通

若孩子软硬不吃，最简单的方法就是软硬不施。选择正确合理的教养方式才是亲子和谐沟通的根本。

随着全球化和现代化的到来，传统的"成人中心"逐渐转向"儿童中心"，即科学育儿。复旦大学许丹红博士从家校互动、成就评价、父母角色、亲子互动、时间安排等方面，总结了现代中国家庭四种主要的家庭教养时间模式——"恩威并施型""丛林法则型""谨慎规划型""束手无策型"。

"恩威并施型"的父母介于传统与现代、严格与宽容之间，但在沟通上更显权威，如相对于孩子的情绪，更关注学业成绩；"丛林法则型"的父母很多是源于自身的成长经历，竭尽全力地为孩子提供最优秀的环境，要求孩子脱颖而出；"谨慎规划型"父母不仅强调经济基础，也重视家庭文化渗透，给孩子营造温暖的成长环境；"束手无策型"父母因为经济、学历等受限，总以"没有办法"为理由，将一切都归在孩子要靠自己的努力上。

另外，美国心理学家戴安娜·鲍姆林德根据"父母对孩子提出各种要求"及"父母对孩子提出的要求的回应"两个维度，把家庭教养方式划分为权威型、专断型、放纵型以及忽视型四种。其中权威型的父母既民主又不失权威，爱和规则一个也不能少，是理想的智慧型父母。民主型与权威型的父母施行的是"理性、严格、民主、关爱和耐心"。在这样的教导之下，孩子会慢慢养成自信、独立、合作、积极乐观、善社交等良好的性格品质。

父母们可以尝试自我观照，是否做到了以下几点呢？

1.接纳和尊重孩子的感受

当孩子在比赛中输了而感到难受时，父母要做的不是鼓励孩子"你很棒了，没关系"，也不是给孩子建议"如果下次再认真些，就能取得更好的成绩"，因为这样孩子会感受不到父母的理解。

父母需要与孩子共情，倾听孩子的倾诉，父母只需要用简单的话语回应孩子的倾诉，如"嗯……原来这样……这让你很伤心吧……你是这样觉得的吗……"当孩子感受到自己被理解和尊重时，他（她）也许就能慢慢打开心扉，并从这次失败中走出来，这时父母再和孩子探讨下次努力的方向会更合适。

注意，所有感受是需要被接纳的，但是某些不良行为家长是需要制止教育的。

2.与孩子的合作之道

叫孩子赶紧写作业，但孩子仍不行动，即使开始写了，又玩玩橡皮、摸摸笔盒；明明说过多次不要玩手机，孩子却总是控制不住自己……类似的情况在家里也许是常常发生的。

该如何鼓励孩子与父母合作呢？首先家长不能放大情绪地与孩子沟通，例如"你为什么总是不自觉，那么爱玩，写个作业磨磨蹭蹭，找各种理由！"其实这样无疑会给亲子关系带来不良情绪或无形中给孩子贴了标签。所以父母要尽可能简单、有针对性地描述问题，也可以采用书信交流（写便条）的方式，如"现在晚上7：30了，该写作业了",家长也可以说出自己的感受,取得孩子的共情。

3.代替惩罚的方法

有些行为也许多次提醒,孩子仍犯,但总使用惩罚不是一个长久有效的方法。首先家长可以表达自己的感受并说出自己的期望,"你这样,我很生气,希望你下次能尽量在晚上9:00前完成作业";家长也可以指导孩子该怎么做才不会再犯错,或是告知弥补错误的方法,或是和孩子商量解决问题的方法;家长也可以采取适当的行动阻止错误再犯,例如,写作业前不再开电视、把手机放起来……

4.鼓励孩子自立并学会赞赏

培养孩子的一个重要目标,就是帮助孩子成为一个独立的个体。所以父母要学会放手,让孩子做出自己的选择,尊重孩子的努力,并创造机会,让孩子看到一个全新的自己,让孩子勇于做自己。

5.以身作则,信守承诺

往往孩子不接纳父母的建议,是因为父母没有以身作则,不信守承诺。例如父母总是要求孩子多阅读,可是自己却总在一旁玩手机或以工作忙为理由,不带头阅读,那家长说什么都是没用的;如果父母的话前后不一,答应的奖赏,却迟迟不兑现,或是说好的周末取消外出,可是又一时心软,看孩子写作业累,又带孩子外出,那孩子下次又怎么会相信你对他(她)的严格要求呢?

科学育儿其实是一个非常复杂的过程,需要父母做到融会贯通,将所有的方法都用上,并根据实际情况做调整,才能对孩子产生一定的影响。父母也要摒除陈旧的、对孩子没有作用的说话方式,让孩子从父母身上学到良好的沟通方式,这也将影响他与同伴的交流、今后踏入社会的人际交往,甚至是今后与自己子女的相处方式。

孩子没有礼貌，怎么办

徐开光

有句古话说，"爱人者，人恒爱之；敬人者，人恒敬之"，这才是"礼"的真谛。作为父母都希望教育出知书达理的孩子，因为我们知道，没有人会喜欢一个不讲礼貌的孩子，礼貌是孩子在这个社会上的通行证。

可是，现在很多孩子在与人交往过程中不懂礼节、没有礼貌，甚至在家对长辈大呼小叫。面对这样的情况，我们应该怎么办呢？

一、给孩子营造文明礼貌的成长环境

孩子的教育，譬尤练丝，染之蓝则青，染之丹则赤。家庭是孩子的主要生活场所，父母是孩子的第一任老师。我们常说"言传身教"，父母要做孩子的好榜样，要注意自己平时的言行是否文明礼貌，帮孩子树立正确的文明观。

孟子说："行有不得，反求诸己。"做父母的不能怪孩子没有礼貌，而是要反求自己去落实礼貌的德行，这样孩子的礼貌德行一定能被培养出来。

比如，在家庭内部，家庭成员之间也要做到以礼相待，习惯使用

"请""谢谢""对不起"等礼貌用语；尊老爱幼，做到长幼有序，尊重家中老人的地位和习惯；尊重彼此，进房间前敲门，不随意翻看孩子的东西；等等。社会礼仪：热情和邻居或者物业工作人员问好，轻声细语地交谈，耐心听对方讲话，尊重别人的隐私，等等。

遇到问题多和孩子一起分析利弊，让孩子在耳濡目染中也成为一个平和有分寸，既能够表达自己，又懂得体谅他人的人。

二、让孩子掌握基本的文明礼貌常识

文明礼貌的常识其实主要就是指文明礼貌用语和文明礼貌行为。在文明礼貌语言方面，父母要教育孩子讲话文雅而且要得体，同时让孩子不说粗话和脏话，从"您好""请""早上好""谢谢""对不起""没关系""再见""晚安"等这些文明礼貌用语开始。而在文明行为方面，父母还要教孩子与人见面、分手时要记得打招呼，要举止大方得体，而且行为不鲁莽，在待人和蔼热情的同时，还要讲究个人和公共卫生，注意公共场合不随地吐痰，而且不乱扔果皮纸屑，衣着方面要干净整齐、朴素大方，还有在乘坐公共汽车的时候要主动给老、弱、病、残、幼、孕妇让座，排队讲顺序，同时还要注意在参观游览时爱护文物古迹，观看演出或是一些比赛的时候不起哄、不喝倒彩，遵守社会公德。

家长还要教给孩子基本的社交礼仪，比如，服饰礼仪、问候礼仪、称呼礼仪、握手礼仪、介绍礼仪等，让孩子在社交活动中能有礼有节、游刃有余。

父母要告诉孩子，每个人都因为付出而值得被尊重，因为劳动而值得被尊重，尊重不因地位身份而轻贱。给孩子树立正确的人生观和价值观，孩子将来面对生活中的荣誉和挫折，才能宠辱不惊，从容镇定地面对人生，坚信自己的价值。

三、及时纠正孩子的不文明言行

孩子习惯养成过程中，除了受家庭影响，还会受到社会和同伴的影响。影视作品中的一些暴力镜头、同伴的一些不良习惯，也会对孩子产生影响。当孩子出现了不当的行为习惯的时候，父母一定要及时进行批评指正，让孩子建立正确的是非观念，如果父母不能及时地对他进行批评指正，那么孩子就不会有犯错的意识，就认识不到自己言行的危害性，可能下次还会重复，久而久之就形成了不良习惯，再要改正就比较困难了。

但是，父母指出错误的时候要注意时机和方式方法，最好不要当着众人的面严厉批评孩子，这样会伤害孩子的自尊，也就达不到教育的效果。最好用眼神示意或者小声提醒，事后再跟孩子分析原因、指明错误，让孩子心悦诚服地接受意见。

同时，要加强正向强化，当孩子言行举止得体、有礼有节的时候，我们要适时肯定和鼓励，强化他的行为，从而养成良好的习惯。

总之，孩子的成长过程，就是不断试错、不断纠错、不断成长的过程。作为父母，要理性看待孩子成长过程中的小插曲，用尊重的态度、规则的意识，引导孩子树立正确的观念，让孩子学会尊重长辈、尊重他人，从而得到别人的尊重。

学科学习

积累为本，方法为要——语文学习方法指导

刘美芳

在十多年的宝安中学教学生涯中，我带过五届毕业班。在宝安区语文教研员倪岗老师的正确引领下，在宝中大语文科组通力合作的科组氛围下，我很幸运，每一届毕业生的语文成绩都考得特别理想，尤其是2015届我教的两个班，语文成绩为A的比例达到60%，成绩为A+的比例达到37%。

在成绩面前，我常常满怀感恩，语文能考这么好，首先要感谢家长和小学语文老师培养了孩子的阅读兴趣，以及良好的书写习惯。这两点，就像语文学科的根基，对学生能否在中高考语文考试中取得高分至关重要！

一、教材改革、分值增加彰显语文地位

2019年秋季，全国中小学统一使用统编版教材，语文学科的重要性凸显。统编版教材主编温儒敏教授明确表示，语文中高考的难度将会大幅度提高；对于不努力学语文、不能长期积累阅读的学生，语文将成为最容易拉分的学科。

统编版语文教材对阅读的重视度大大提高，古诗文篇目大幅度增

加，文言文、古诗词的考查量增加，理解与表达的难度也在增加，对经典文化格外重视。《普通高中语文课程标准》指出，要引导学生通过阅读中华传统文化经典作品，积累文言阅读经验，培养民族审美趣味，增进对中华优秀传统文化的理解，提升对中华民族文化的认同感、自豪感，增强文化自信，更好地继承和弘扬中华优秀传统文化。推荐阅读文化经典著作如《论语》《孟子》《老子》《庄子》《史记》等。

一些地方已经增加了中考语文的分值，如深圳从2021年开始，中考语文增加到120分。

二、积累是提升语文素养的根本途径

常常有家长问有没有提高语文成绩的快捷途径，我想，如果我是孙悟空就好了，想让学生成绩好，学生成绩就好起来！可是孙悟空这个神奇的猴子也是明代吴承恩虚构的。语文真的很难有提升成绩的快捷途径。

（一）无形的积累——熏陶

平时，作为父母，我们可以做哪些有利于孩子语文学习的积累呢？我们先从"熏陶"一词上下功夫。什么是熏陶？就是人的思想行为因长期接触某些事物而受到好的影响。注意，是长期接触。

我现在还没有家庭教育的成功经验，因为我家大宝才读幼儿园大班。但我是语文教育工作者，也接触过很多优秀的家长，借鉴他们的经验，我是这样进行文学熏陶的：从八个月开始给她读绘本，刚开始是白天读，长大一点之后，阅读时间是睡觉前。即使出门旅行也都带着书，不管有空没空，读书这件事都是必不可少的。五岁多的时候，孩子的语言表达能力突然提升，不太爱跟外人说话的她成了"话痨"。现在六岁的她，一闲下来就看书，绘本看多了，想象力特别丰富，她画的画总是会有很多意想不到的情景，而且她每天都会给布娃娃设置情景、编故事。

关于阅读的重要性和方法，很多人都已经知道了。这里，我想再次强调一下早期阅读的重要性。美国心理学家刘易斯·麦迪逊·推孟关于天才发生学的研究成果表明，44%左右的天才男童和46%的天才女童，在5岁之前就开始阅读了。大量心理学研究还表明，早期阅读有利于大脑的发育、成熟，有利于幼儿的认知发展，有利于幼儿情感、个性的发展。总之，阅读意义重大。

接下来我想说的是古文如何熏陶。学古文，就当作要多学一门外语，也是要多积累词汇、培养语感的。如果太早让幼儿听古文，他可能没什么兴趣，我们可以从听古诗做起。长期听古诗，不仅有助于提升孩子的背诵能力，他的古文功底也会更胜一筹。国学大师钱穆在《谈诗》中曾说道，读诗不是为了成为诗人或文学家，而是学会欣赏，通过欣赏接触到更高级的人生，获得一生中无穷的安慰。所以，无论出于功利性的目的，还是想丰盈孩子的精神世界，都应该从幼儿开始背诗。

最近在家，我每天让我女儿背一首古诗。每次背之前，我都是利用早餐、刷牙、洗澡的时间，先放诗歌朗诵给孩子听。等到规定背诵的时间，我就给孩子简单解释一下这首诗，孩子反复诵读，一般20~30分钟能背下一首诗。

俗话说："熟读唐诗三百首，不会作诗也能吟。"当这样坚持一段时间后，我发现我女儿随口能说打油诗了。那天她站在阳台上，看着对面小区的保安在给出入的业主做体温检查。她说："待在家里好无聊，戴上口罩不舒服，不戴口罩保安骂，细菌就在外面跑。"我当下就表扬她："哇，每句七个字，会作诗啦！你看，多背诗歌多好呀，以后你也可以成为大诗人了呀！"当时她的脸真是笑开了花，非常自信的样子。我继续说："不过你这只能叫打油诗，因为诗歌除了字数的限制，还要讲究韵律。你看你第一句和最后一句韵母一样，都是发'ao'的音，很棒，如果第二、三句也能押韵就更好了，这样读起来会更朗朗上口。"孩子似乎明白地点了点头。

现在我除了坚持让孩子背诗，还利用琐碎的时间让她听书。以前都是听一些她感兴趣的绘本故事，现在开始听大部头的《上下五千年》。文史不分家，如果一个孩子对历史有清晰的认知，那么日后对古文的理解会有很大的帮助。接下来，孩子还可以听四大名著、听评书等，我希望在这样的熏陶、浸润之下，能提升她整体的语文素养。

有家长们可能会觉得，我的孩子已经初中、高中了，还来得及吗？有一句话说得好，种一棵树，最好的时间是十年前，其次是现在。把碎片化的时间用起来，肯定能看到效果。我的很多学生，都是利用早晚爸妈接送的时候，在车上放古诗文的朗诵，就这样提升自己的背诵能力与古典文学的素养，提升自信。

（二）有形的积累

1.摘背生动的字句

从孩子能写字开始，就要有意识地准备摘抄本。让孩子在阅读的过程中养成圈点勾画、批注的习惯，并花时间把所画的好词好句摘抄下来并利用闲暇时间读读背背。这样，一旦开始写作文的时候，他的语言储备就非常丰富。已经上小学、初中、高中的学生就更应该做到阅读时圈点勾画、写批注、做摘抄。这就好比建一座房子，我们要努力地搬砖。

我的语文课前5分钟是检查背诵，初一背现代诗，初二背诵古诗词，初三背文章段落。常常还没上课，班里就书声琅琅了。

2.丰富人生的阅历

西汉史学家司马迁践行"读万卷书，行万里路"。南宋著名诗人陆游也说过："纸上得来终觉浅，绝知此事要躬行。"我也觉得让孩子多一些人生体验，多一些实践，的确意义重大！我们要鼓励孩子们多参加体验活动，如旅行、素质拓展等。比如有的夏令营是在山上扎营，孩子们需要分组解决温饱问题，几天的时间，有学习、有游戏、有体验。试想，在阳光照耀下，孩子们在草坪上学习、嬉戏、学习手工、一起做饭的情景。下雨了，感受风雨侵袭的逆境，呼吸风雨过后的清新空气。孩子们可能还会遇到风雨带来的危险，需要共同想办法渡过难关。这样的人生阅历，多么难得，肯定是一笔莫大的财富。有这样的经历，写作还能没有素材吗？

现在我们也很重视短期游学，重视带孩子开阔视野，但是真正让孩子实践的机会还是比较少。其实把孩子带回老家，种种菜，参与水稻、小麦收割等活动，这些也是很好的活动体验。

3.进行情感的积累

我们常说，人是有感情的动物。是的，古人写诗，有借景抒情，有记事言情。古人写文，有托物言志，有借事言理。今人写诗写文，常常也是有感而发。

人的情感体验越丰富，那么写文章就越有话可说。这里我要特别强调一种正面的情感：感恩之心。如果一个孩子养成感恩的习惯，长辈、朋友、陌生人一句鼓励的话，一个小小的举动，他都可以写出极为感人的文章。相反，一个不懂得感恩的孩子，认为大家做的都是理所当然的，那他就会觉得没有素材可写。我带的一个学生，他的父母非常重视早期教育，他读书很多，情感非常细腻。他很擅于捕捉生活中的感动瞬间，他笔下慈祥体贴的妈妈、严而有爱的父亲，还有对工作一丝不苟的修锁匠、送奶工等，每一个人物，每一篇文章，都能走进我的内心，让读者感动不已。

三、科学的方法能让语文学习事半功倍

很长一段时期以来，很多人总是错误地认为，语文，就是多背，死记硬背就行了。其实不然，我告诉大家，只是死记硬背，还真学不好语文。

当熏陶成为一种习惯，积累成了自然，语文教育的工作已经完成了一半。接下来要让量变到质变，需要科学的方法指引。纵观小学、初中、高中的语文试卷，都离不开扎实的背诵、精准的理解、简练朴素的表达，这些均有方法可循。

背诵是积累的根本途径。熏陶是为了更好地背，但要快速背诵，必须理解性地背。特别是古诗、古文，如果不理解，怎么背诵都很难过默写关。理解古诗、古文，还特别需要注意知人论世。高中语文要考古诗赏析，初高中要考古文阅读，古诗、古文中作者思想受自己所处时代、经历的影响。比如：杜甫壮年时期的作品充满雄心壮志，这时候正处于繁荣、稳定的盛唐时期，才有"会当凌绝顶，一览众山小"的豪情。而到了中唐时期，受安史之乱影响，战乱频繁，民生凋敝，杜甫过着颠沛流离的生活，他的作品悲凉、失落、孤独，夹

杂热爱生活的乐观以及忧国忧民的情怀，情绪复杂而微妙。可以这么说，同一作家，基本风格比较固定，但不同时期，反映的思想有所不同。如果孩子能够从小多读名人传记，也将大大促进对作家作品的理解。

对于阅读，答题方法老师会教。我们家长需要做的是养成孩子爱阅读、爱积累、爱思考的习惯，营造良好的学习型家庭氛围。到了高中，阅读理解题难度加大，语文能力的提升关键要有自己的思考。独立思考能力、深入分析的能力成了孩子语文成绩的分水岭，这也跟一个孩子长期广泛深入的阅读分不开。孩子的理解精准，答题方法了然于心，答题准确率自然很高。

对于作文，我们已经积累了好词好句、丰富的阅历、真实的情感，那么就是巧妇有了食材，煮出来就是美食。一般初级水平，是尽量描写生动些、语言优美些。但真正的高手，是用朴素的语言传达真挚的情感，这需要积累到一定程度，拿捏语言不做作，真正地有感而发、信手拈来。

我有个学生，从小她妈妈就比较重视抓阅读，她初一刚入学的时候写作水平还是一般，但是到了初三，文章语言清新、典雅，巧妙化诗文为自己的语言，表达的情感总能引起读者共鸣。我常常把她的作文给学生共读、欣赏，在考场上她屡次拿到满分。为什么会有这样的变化？正所谓"水滴石穿，非一日之功""古人学问无遗力，少壮工夫老始成"，这就是积累到一定程度的必然。她喜欢语文，喜欢读书，特别是古典文学。就这样，她的语言悄悄地产生了质的变化。

最后，我想强调的是我们提升孩子的语文素养，短期来说，是为了提升语文成绩，长期来说，是为了培养孩子独特的气质。《中国诗词大会》第二季冠军被上海复旦附中16岁的高一女生武亦姝夺得，从小她父母就陪她读书、背诗，她不仅诗词储备丰富，还写得一手好字，回答问题更是从容淡定。中央民族大学副教授蒙曼评价："诗歌的真善美是渗透到她心里去的。武亦姝的谦逊不是装出来的，而是有诗意在她心中，她站在那里气定神闲的样子，诗意就出来了，这就是所谓的'腹有诗书气自华'。"

数学方法指导

曾志强

很多家长对孩子的数学学习比较焦虑，花了很多时间在数学上，但孩子始终对数学不开窍。特别是刚上初中，孩子数学成绩更是一落千丈，数学可谓是初中课程中最容易拉开差距的科目，这可怎么办呢？此时，我们的家长和孩子应该及时调整这种焦虑的情绪，寻求科学有效的学习方法，扭转这种不利的局面。

接下来我将从学前阶段、小学阶段、初中阶段来谈一些做法。

一、学前阶段

数学是一门研究生活中的空间形式和数量关系的科学。培养学前幼儿的数学能力具有重要价值。一方面，可以对幼儿的思维进行训练，学习数学的思维方式；另一方面，还可以培养幼儿解决问题的能力，特别是用数学方法解决问题的能力。

首先我们要知道孩子对数学认识的成长规律，3岁以下的幼儿已经能够区分数的多少。如你左手拿1块巧克力，右手拿3块巧克力，让孩子选时，2岁的孩子已经知道拿较多的巧克力了。3~5岁的幼儿在较低水平上形成了数的概念，如3比2大，5可以由3加2得到。

如果给幼儿提供可以操作的实物材料，他们还能进行简单的加减运算，此时的幼儿可以区分物体的大小，随着年龄的增加他们对量的感知的准确性也会大大地提高，而且他们还可以正确地区分不同形状的图形，更多的是平面图形。5~6岁的幼儿形成了数的守恒，他们能够脱离实物的支持，进行一些小数目的加减运算，此时的他们也可以初步认识一些立体图形了。

那幼儿的教育策略有哪些呢？

1.让孩子在生活中感受数学

家长应认识到"生活中处处都有数学"，应该引导孩子在生活中学习数学。第一，可以帮助孩子形成"数"的概念。如分蛋糕时可有意识地让孩子感受"1块"和"许多"；还可以带着孩子上下楼梯时数一数台阶。第二，可以帮助孩子形成"量"的概念。如可引导孩子观察周围的楼房，发现有"高"的、"矮"的；外出乘车有"大"的车、"小"的车。第三，可以帮助孩子形成"形"的概念。如可引导孩子通过观察，感知杯子、电视机等不同形状，也可制作些不同形状的卡片让孩子进行区分。第四，可以帮助孩子形成"归纳"的概念。如可让孩子按玩具的形状、颜色等来整理好自己的玩具。

2.和孩子做一些有趣的数学游戏

唱数学：可与孩子一起吟唱与数字有关的儿歌，如"1像树枝细又长，2像小鸭水上漂，3像一只小耳朵"等。

讲数学：可给孩子讲带有数字的故事，如"七个小矮人""三只小熊"的故事。

画数学：可引导孩子画一些几何图形的组合画，画自己的左右手等。

在角色游戏中，如玩过家家，可引导孩子观察区分碗的大小，数玩具数量，将餐具玩具等按类别进行摆放。

3.和孩子一起用数学

如让孩子运用分类知识整理自己的衣柜、玩具柜或到超市购物时，运用所学的加减法计算购物的数量和价钱等。

其实，引导孩子"在生活中学数学，学生活中的数学"，应多和孩子感受学习数学的乐趣，在日常生活中多做数学游戏，多应用所学的数学知识来解决实际遇到的问题，对孩子今后的数学学习以及思维的发展，这样的方法比死记硬背、机械的加减运算，更有帮助。

二、小学阶段

小学数学的知识虽然是一些基础性内容，但是对于孩子来说还是有难度的。如果没有扎实的基础，那孩子在之后的学习中就会手足无措。所以，要想孩子数学好，首先要帮他"扎实基础"。

孩子一定要在小学的数学学习上，掌握学习的方法和技巧才能取得事半功倍的效果。

1.重视计算

数学的计算学习就像语文的识字学习，是最基本的。不识字，语文读不好；计算差，数学同样学不好。而且计算好，会给孩子的数学学习提供很大的帮助。家长可以每天让孩子做2分钟口算。一开始，2分钟内孩子可能只能做完20道口算，但之后，你会发现孩子做题越来越快，正确率越来越高。

2.重视生活中的数学

其实数学的学习对生活的影响很大，能提供很多的帮助。如买东西、计算利率、盈利等，这些都会用到数学。你可以在生活中，有意识地跟孩子提数学问题，如让他解答：一斤苹果 8 元，买 3 斤多少钱？给阿姨 30 元，找回多少钱？别小看这些问题，在小学数学学习中，解决问题占的分数是最多的，而解决问题无非就是判断用加减乘除中的哪种运算来列式解答，这些问题其实就是生活中的问题，孩子在生活中接触多，自然就会解答。

3.思考是数学学习方法的核心

一些孩子对公式、性质、法则等背得挺熟，但遇到实际问题时，却又无从下手，不知如何应用所学的知识去解答问题。如有这样一道题让学生解：把一个长方体的高去掉 2 厘米后成为一个正方体，它的表面积减少了 48 平方厘米，这个正方体的体积是多少？孩子对求体积的公式虽记得很熟，但由于该题涉及知识面广，许多同学理不出解题思路，这时需要学生在老师、家长的引导下逐渐掌握解题时的思考方法。这道题从单位上讲，涉及长度单位、面积单位、体积单位；从图形上讲，涉及长方形、正方形、长方体、正方体；从思维推理上讲，长方体→减少一部分底面是正方形的长方体→减少部分四个面面积相等→求一个面的面积→求出长方形的长（即正方形的一个棱长）→正方体的体积。所以说，在学习过程中，老师、家长最大的作用就是启发。孩子在老师、家长的引导下，能够主动去思考解题的思路，从而解决问题。

4.培养阅读兴趣

阅读的功效绝不仅仅是丰富文化积淀，提高语文素养，而是帮助孩子点燃思维的火花，拓宽视野，深化思维，提高学习力。所以，阅读不仅仅是语文的事情，它对于任何一门学科来说都是重要的。有研究发现，一年级或更早开始大量阅读的孩子比三年级开始阅读的孩子在其后的中小学学习中，尤其是数理化学习方面潜力更大。因为前者在其后的学习生涯中具备了深阅读的能力和习惯，也就是理解能力更强，而后者阅读时思维比较肤浅，理解能力自然就弱。这个现象在初二这个分水岭年级就表现得很明显了。所以，不要等到中小学遇到困难之后才没完没了地疯狂补课，而是要让孩子在4至7岁解决识字问题，6至9岁爱看书，9岁后就能大量阅读、读好书。

三、初中阶段

学前阶段、小学阶段需要家长的引导，启发孩子的数学思维，并且营造应用数学的氛围，而初中阶段，更需要孩子自己能够掌握数学学习的技巧。那初中数学相较小学数学，有哪几点变化呢？

第一，难度系数。初中数学对知识点的要求更高，逻辑性更强，综合难度系数提升较多。教师基本上是循环教学，而每一年的题目都在发生变化，变得更加新颖、更加灵活，对学生的知识点掌握的要求越来越高，越来越注重孩子的应用能力。

第二，解题步骤。不管是代数还是几何，对解题步骤要求更高，要有严谨的逻辑推导和解题过程。近年来，深圳的中考越来越注重解题过程的规范和完整，有很多学生认为只要解出题目的答案就万事大吉了，其实只要是有过程的解答题，过程分比最后的答案重要得多，不要出现会做的题目反而得不到分的情况。

第三，数学思想。初中数学会渗透一些简单的思想方法，如方程思想、数形结合思想、分类讨论思想等，这些也是我们提高解题能力的基本思想。在学习过程中，学生们要学会归纳知识点和解题技巧，总结多种解法的优劣，反思各种方法的纵横联系，不断提炼深化，做到举一反三、触类旁通。

学习初中数学需要注意几点：

1.课前预习、课上认真听讲、课后复习

第一，课前预习很重要，学生可以先了解本节课的知识点，跟上老师的思路，也可以标记出有疑问的地方，在课上及时解决这些问题。

第二，课上45分钟，学生要紧跟老师的步伐，集中精神突破这节课的重点、难点。最不可取的就是有些同学，因为提前在辅导机构学习过、预习过，上课就不听课，不跟随老师的思路，做其他事情，到头来，习惯没有养成，对知识点的掌握也是一知半解，正所谓捡了芝麻丢了西瓜。

第三，课后要及时复习，学生做作业之前，一定要再次翻开课本，理清本节课的知识要点，然后再做配套的作业，发现问题，一定要及时寻求老师或者同学的帮助。

很多学生对课本的概念和公式不够重视，不能将概念、公式烂熟于心，又怎能在题目中熟练应用呢？概念是数学的基石，对于每个定义、定理、公式法则，理解了的要记住，暂时不理解的也要记住，在记忆的基础上应用它们解决问题时再加深理解，从而将头脑中学来的概念具体化，加深对知识的理解，达到活学活用。

2.营造良好的学习环境，帮助孩子提高学习效率

孩子在写作业时要尽量保持安静，书桌上除了放书、学习用品外，不要放其他东西，以免分散孩子的注意力。父母可以看看书报，不要看电视或者玩手机，以免影响孩子的学习状态。父母要建议孩子先做数学作业，清醒的头脑有助于解题能力的提升。

3.适当练习，要学会总结题型和方法

我们经常会听到学生说："老师你课上讲的我都听明白了，但是课后的那些题我还是无从下手。"其实很重要的原因就是学生在头脑中没有形成系统的框架，不懂得应该怎么去分析题目，怎么利用学习过的知识去解决问题。所以练习是非常重要的，时间长了，学生头脑中便形成了对每一类题型的"通用"解法，即正确的思维模式，这时再解这一类的题目时就易如反掌。

我们也经常会遇到学生在外面辅导机构不断地刷题，辅导资料也是做完一本又一本，效果还是有的，但是这种效率太低下了。题海无边，总也做不完。要想将题目越做越少，就要学会归纳和总结。对做过的习题进行归纳和总结，再现思维活动经过，分析想法的产生及错因的由来，内化成自己的东西，能够用自己的语言来叙述出解题思路和方法，挖掘出一般的数学思想方法和数学思维方式。练习时会做的以后少做或不做，不会的要多做、重点做，真正做到"任它千变万化，我自岿然不动"。

4.整理好错题和典型例题，及时解决问题

做题就像挖金矿，每一道错题都是一座金矿，只有发掘、冶炼，才会有收获。学生最不敢正视的，就是自己的错误和困难，然而我们要想取得进步，就一定要及时解决问题。学生做题目，有两个重要的目的：一是将所学的知识点和技巧，在实际的题目中演练；另外一个就是找出自己的不足，然后弥补它。这个不足，也包括两个方面：容易犯的错误和完全不会的内容。对于每次做错的题目，要分清楚是做错的还是不会做，对做错的，要分析原因，总结当时自己是怎么想的，错在哪里了，那么正确的思路又是什么。不会做的，要及时请教老师或者同学，及时解决自己的疑问。闭门造车只会让你的问题越来越多。知识本身是有连贯性的，前面的知识不清楚，学到后面时，会更难理解。这些问题积累到一定程度，就会造成学生对该学科慢慢失去兴趣，直到无法赶上。

5.避免非智力因素的影响，注重实战经验的培养

我们经常会遇到，孩子平时掌握得挺好，可一到考试，成绩就很不理想。一是心态不好，容易紧张。一方面孩子要学会及时调整，也需要大型考试来历练。每次考试，尝试寻找一种适合自己的调整方法，逐步适应考试节奏。二是考试时间紧，总是不能在规定的时间内完成。孩子平时做作业可以给他限定时间，逐步提高效率。

家长如何在英语学习上助孩子一臂之力

刘米竹

"I've got all my life to live. I've got all my love to give, and I will survive. 我会用一生好好过日子，我会用全部的爱去奉献，我一定要好好地活下来。"疫情防控期间，我就是这样带着班级 55 名孩子每天晨读打卡，特殊时期相互倾听久违了的声音，师生彼此相互陪伴、相互激励、相互温暖。

晨读打卡一是为了培养孩子们学习英语的兴趣；二是为了培养孩子们敢于开口说英语的习惯；三是为了帮助孩子们建立学习英语的自信心，鼓励孩子们持之以恒，助力行为持久发生；四是让孩子们感受到学习英语的乐趣和益处。

语言是思想的载体，学习英语这门语言，并不仅仅是学习语言本身，更是学习另一种思维习惯和表达方式。通过日常的英语学习，来加强思想的铺垫和文化浸润，让孩子们在学习英语语言和文化时不知不觉地加强思想文化建设和内在素养沉淀。

一、培养孩子的兴趣，带动英语学习行为的自然发生

兴趣是最好的老师，学习英语若有了兴趣，学习的行为会自然并

主动发生。培养孩子学习英语的兴趣，方法有很多，有趣的英语绘本、英语新闻、英语频道、英语配音的浸润，都能在无形中帮助孩子创建一个良好的英语学习环境，从而能让孩子不知不觉地沉浸在不同方式的英语语言环境中，刺激孩子的大脑神经，培养孩子的英语学习兴趣。

二、培养孩子良好的开口朗读习惯，助力语言学习积累

语言的学习是一个日积月累的过程，可以通过模仿、大声朗读培养语感，引导孩子每天花一定的时间来开口朗读，帮助孩子培养良好的阅读、开口说英语的习惯，渐渐地让孩子形成习惯。好的习惯会帮助孩子在英语学习方面轻轻松松获得正向的成就感。

三、帮助孩子建立自信，助力行为持久发生

在疫情防控期间，我每天带着孩子们在班级微信群里一起晨读打卡各种具有激励作用的英文句子。

从最开始的"We are what we repeatedly do; Excellence, then, is not an act but a habit. 反复做的事情造就了我们；那么，卓越不是一种行为，而是一种习惯。"再到"Every second of every day, you're faced with a decision that can change your life. 你每天每分每秒所做出的一个微小决定，都有可能改变你的人生。"再到"We will all have times of insecurity in life when there is nothing to do but bravely face the feelings of doubt. 生命中总要有那么一段时光充满不安，可是除了勇敢面对我们别无选择。"这样的一些句子能激励孩子、鼓励孩子。

在最开始打卡的时候,班里总有一些孩子不敢在微信群里公开朗读,都是一个个单独私发给我。我一个个认真听完之后,会努力尝试找到他们朗读得好的地方给予他们充分的肯定,并激励他们:"既然读得这么好,请再勇敢一点去微信群里朗读,让同学们都能听到你这么好的发音。"后来,渐渐地私发给我的孩子越来越少了,孩子们都敢于在群里大声勇敢地朗读了。我也因此会在群里及时做出反馈,做出正向点评,如果孩子朗读有问题,我会就事论事,但还是会从身份层面、人的人格等方面去鼓励、激励孩子,目的是培养孩子的自信心。孩子一旦有了自信心,这个行为就会持久运行下去。

四、让孩子们感受到学习英语的乐趣和益处

在学习英语的过程中,孩子们是可以享受到并感受到这份快乐的,因为英语就是一种语言的表达,表达就是在跟对方进行思想交流。在交流中,当孩子做得好,要大声肯定,同时及时提供相关信息反馈到家长群里。当家长在家里听到孩子们大声朗读的时候,可以大声地表扬孩子:"不错喔,妈妈觉得你朗读得很好喔。""哇,儿子你太了不起了!""女儿,你好优秀啊,你能不能带着爸爸妈妈一起跟着你学呢?"所有的这些,其实都是为了让孩子能够感受到他学习英语的过程中所体会到的一种成就感、一种快乐的感觉,从而体会到这份英语学习给他带来的乐趣和益处。所有的这些反馈,尤其是积极的反馈都会带来积极的、正向的循环。

在英语学习的过程中,因为我们的家长并不是专业的英语教师,想让家长积极地去给孩子们一个音一个音地纠正或指导,那是不太现实,也是不太可能的。为了帮助孩子们更好地纠正发音,家长可以下

载一些软件，比如英汉字典、输入拼写类软件，听正确标准的发音，来帮助孩子们找到方法、找到学习工具，从而积极地促进孩子正向、正确、恰当地学习。家长在帮助孩子学习英语的过程中，其实能做的真的不多，家长能做的就是给予他激励，给予他自信心的培养，给予他陪伴，给予他有效的方向性的挪正。所以，在这个过程中，家长要充分地尊重孩子，看到孩子积极的闪光点，要给予充分的肯定、充分的鼓励，从而达到一个有效的刺激，帮助孩子们能够继续坚持这个行为。所以，在学生早读的时候，我也经常会说："Patience and perseverance will pay off. 耐心和恒心终将会得到回报。"这样的英文打卡其实也是从思想层面上帮助我们的孩子坚持做下去，我们的家长也是可以的。

每一个孩子在学习的过程中，可能遇到的困难都是不一样的。家长可以从一个陪伴者、激励者、引导者的角度去激励孩子继续，不要放弃，不要因为遇到一点困难就中途退出或放弃。那么具体应该怎么做呢？每个孩子的状况都是不一样的，因为世界上没有两片完全相同的树叶，孩子学习时遇到的心理障碍和需要帮助的地方也是不一样的，所以家长应该根据孩子具体的情况来进行有效指引。下面给大家分享一个案例。这个案例是为了帮助启发家长们，从中收获一些成长，感受到如何针对自己家的孩子找到肯定的方法，知道该怎样去引导、激励孩子。因为困难是存在的，问题也是存在的，但是如果我们用困难、用问题的眼光去看待孩子，那么满世界都是问题。但如果我们用成长的契机、成长的机会，用资源的眼光去看待孩子，那么满世界就都是成长的机会、成长的资源。

临近期中考试，想着帮助并带动一些英语学科比较困难的学生，我找了几个学习不积极主动、基础弱的男生，商量着周末给他们单独布置一些复习课文知识点类的任务，让他们挑选其中的两三段来背诵。出乎意料的是，其中一个男生，竟然主动说："老师，我们就背这一整篇吧。"那个志向满满、信心百倍地说要好好利用周末两天时间去复习准备的神态，让我一度质疑我的眼睛。

"老师，没问题的，我们一定可以。"看着几个斗志昂扬地向我表决心的男孩子，我顿时打消了对这份"VIP复习"的所有顾虑。

周末返校后的晚自习，我友善地提醒他们明天周一大课间操的时候记得来我办公室，我会在办公室等他们。周一大课间的时候，我等了挺久，等到都快发火的时候，课代表来了，我正生气地准备喊课代表去叫他们几个过来兑现自己承诺的时候，门口探出了四个小脑袋。其中，阿东带着三名男生一起过来了。看着他们书都没带过来，耷拉着脑袋，脸上的表情似乎还有点小愧疚，我心里有数了。于是，我努力平复自己的情绪，招呼他们赶紧进来，我兴奋地说："哇，你们来啦，我刚准备喊课代表去提醒你们，你们就来了，你们真的是太棒了。"

"老师，我们……"走在最前面的阿东欲言又止。

"书和笔都没带，看来你们是胸有成竹，所有的内容都熟练在心。来，阿东，这是老师奖给你的第一颗巧克力。"这时候，阿东很不好意思地开口了："老师，对不起，我们几个都还没有背完课文。"

"你能认识到自己的错误,很不错,来,这是我给你的第二颗巧克力。"我一边说一边把第二颗巧克力递到了阿东的手中。

阿东惊讶地睁大了双眼,因为他很惊讶这次不但没有受到我的批评和指责,反而受到我对他情绪和内在动机的肯定。

这时候,阿东和其他三个男孩都沉默着,我问他们:"你们还有什么想说的吗?"

"老师,我们这几天内会把课文背诵部分完成。"阿东继续说。

"哦,具体哪天呢?"我提醒他们明确时间。

阿东明确地告诉了我明天下午他们会过来继续完成这部分未完成的作业。

"你不仅能认识到你们自己的错误,你还有找到解决问题的办法和决心。来,这是我奖励给你的第三颗巧克力。"我微笑着把第三颗巧克力放到了阿东的手上。

阿东似乎还没有回过神来,他惊讶地张大了嘴巴,湿润的眼眶里泛起了一丝泪花。旁边另外三个男孩子忍不住捂着嘴偷偷在笑,我好奇地问他们在笑什么,他们没有吭声。这时候,阿东生气地告诉他们:"真有这么好笑吗?明天下午我们都来老师这里背书。"

那一瞬间,我仿佛一个跳出来的旁观者,全程觉察到我情绪管理好之后跟孩子们的对话,对一个平时不爱学习、经常开小差的男生内心的触动和影响,也看到了身为班主任的我,真正的价值和意义。

看着阿东泪湿眼眶的那个场景,我递给了他最后一颗巧克力。

我说:"我向陶行知校长学习,前有陶行知校长四颗糖的故事,今有刘米竹老师给阿东同学四颗巧克力的故事。阿东你不仅能够关注到自己,还知道带动身边的同学和团队一起积极向上、努力克服困难解决问题,这是我奖励给你的第四颗巧克力。对了,我等了你们25分钟哦,我的巧克力分完了,我们的谈话也结束了。"

阿东惊讶极了,看得出来他已经非常不好意思了,眼泪强忍在眼眶里,他竟然深深地向我鞠了一躬:"老师,对不起,我以后再也不这样了,耽误您的时间了,老师再见。"原先另外三个笑得合不拢嘴的男生也默默低着头,若有所思地离去。

看着四个孩子远去的背影,回想着阿东眼眶里的泪花,那一瞬间,我突然也被感动了。

那一刻,我才觉得我是在真正地做育人工作。

教书育人,是教师的职责。

但很多时候,我们往往只做到了教书,并没有真正育人。学生那么多,教学任务那么重,各个方面的教研压力那么大,老师的时间和精力,真的很有限。

很多时候,我们只是知识的搬运工,或是提分的机器,我们帮助孩子在知识层面上获得了增长和进步,却忽略了教育中最关键也是最难的部分——育人。

"授人以鱼,不如授人以渔。"除了教会学生提分、多塞给孩子们几条大鱼,教授孩子们提分的具体方法、捕获大鱼的技巧才是最重要的。我们往往忽略了教育中最难也是最重要的部分——唤醒学生内在想去捕鱼的动力和热血沸腾的探索求知欲。学生内在的学习动力和汽车发动机原理，其实是一样的，如果发动机的动力足，轻点油门，车就开始启动高速运转模式了；倘若发动机动力不足，任凭我们多么用力地踩，车跑起来，其实也是难提速的。很多时候为了车子运转得更好，我们都会定期去保养汽车，可对于学生，我们又做了哪些心灵滋养的工作呢？

当天下午放学的时候，我去教室里随意转了转，看到阿东正在埋头学习，非常专注和投入，丝毫没有受到放学后任何噪声的干扰。我看见他的内心经由"四颗巧克力"的认可、鼓励和肯定之后，他的外在有了一些变化。

其实，每个孩子的内心都希望得到老师和父母的认可。但很多时候，我们只看到最让我们生气的表象，却忽略了透过表象看本质，更忘了尝试发自内心地去接纳、去看见、去认可那些被贴了"差生""不认真"标签的孩子们。

当你发自内心去看见、去认可、去激励他们的时候，其实他们会给你很多意想不到的惊喜。因为孩子们生命的光辉，必须经由我们看见，他才能得以绽放。所以，我想给家长们提个醒，无论是学校的教育、老师的教育，还是家庭中家长对孩子的家庭教育，激励都是很重要的。

其实教育，并没有那么多高大上的理论和方法指导，只有在日常繁重的教学生活之余，家长们能够用心观察，等待合适的教育契机，努力去唤醒那些沉睡中的孩子们，努力去激发他们内心的渴望，去期待他们眼里的光，去全然地认可和激励，才能见证到人性中最美的光辉和那些触碰灵魂深处的美好瞬间，那才是家庭教育真正开始的起点。

还是那句话，世界上没有两片完全相同的树叶。世界上也没有一种方法可以适用于所有的学生。对于我们所有的学生来说，一个班50多个学生，我们是用一种方法去教育50多个学生。在你的家庭教育中，你应该是要用50种方法去对待你的一个孩子，甚至要用500种方法来教育你的一个孩子。这50、500种方式、方法怎么来，需要作为家长的你自己去探索、去思考，因为别人的方法对你的孩子不一定有用。今天我并没有告诉大家具体怎么做，因为这叫生搬硬套，对别人家孩子有用的方法对你家的孩子不一定有用。所以我想提醒家长的是，家长需要做的是，在成长的过程中，开动自己的脑筋，运用教育学、心理学的一些规律，还有人的本性特点来观察孩子，尊重孩子，运用恰当的方法，灵活地帮助孩子健健康康成长、开开心心学习。

初中历史学习方法分享

李 爽

可能在大部分家长甚至部分老师的心中，历史学科并没有那么重要，至少与语数英学科在分数上相比，分值没有那么重。

我是2008年大学毕业来到宝安区担任历史教师的，十多年的工作中，我前后共经历了三套教材，经历了学科命名的变化，从之前的历史与社会变为现在的历史学科。变化虽然多，但是都是可喜的，从最开始的历史、政治、地理、社会学科的杂糅，到单独一门历史学科，再到2016年秋季入学开始统一使用统编版历史教材。目前，义务教育阶段，语文、历史和道德与法治这三门学科，规定全国都统一使用教育部统编教材，俗称统编版教材。

伴随着深圳新中考方案的到来，我们历史学科分值也有所提高，提升到了70分。深圳市全民阅读的推广让我们也惊喜地发现，新升初中生的历史阅读量也是越来越大，学生学习历史的兴趣也越来越浓。

一、一个核心——紧抓历史学科核心素养

我们学习任何一个学科，都是因为这个学科有用。何为有用？学

习了它之后,我们的孩子能够得到哪些"本领",成为一个什么样的人?我想这就是学科素养的通俗说法。

那么,历史学科核心素养是什么?历史学科核心素养是学科育人价值的集中体现,是学生通过学科学习而逐步形成的正确价值观念、必备品格和关键能力……通过诸要素的培育,达到立德树人的要求。历史学科核心素养主要包括唯物史观、时空观念、史料实证、历史解释、家国情怀五个方面。表1是7~9年级学业质量标准。

表1 义务教育学业质量标准

学段	学业质量描述
7~9年级	1.掌握历史发展过程中的重要史事 能够运用记录历史年代的基本方式,掌握识读历史地图的基本方法,将重要历史事件、人物、现象置于正确的时间和空间之中。(时空观念) 能够准确理解教材和教学活动中所提供的可信史料,如不同历史时期的实物材料、文献材料、图像材料和口述材料等,辨识其中的含义;能够尝试运用这些史料对重要史事进行简要说明,有理有据地表达自己的看法,表现出正确的价值判断和人文情怀。(史料实证、历史解释、家国情怀) 能够初步从物质生产活动是人类生存和人类社会发展的基础、生产力与生产关系、人民群众是历史的创造者等方面,理解重要史事的意义,如对中国历史上的江南开发、西欧封建社会的兴衰、活字印刷术的发明等,运用唯物史观作出合理的解释与简要评价。(唯物史观、历史解释、家国情怀) 2.了解历史发展过程中的各种联系 能够了解并初步认识四种重要的历史联系:(1)历史发展的古今联系。如以中国的疆域为例,能够从古今联系与变化的角度,对其进行简要论述。(2)不同史事的因果联系。如以工业革命为例,能够从生产力发展的角度,初步分析生产力对政治、经济、文化等方面发展的推动作用;通过历史上治乱兴衰的史事,如以秦统一中国、秦末农民大起义、西汉建立、"文景之治"为例,简要说明在阶级社会中阶级斗争是历史发展的动力。(3)不同领域的横向联系。如以唐太宗和"贞观之治"为例,能够对一定时空条件下的政治、经济、文化等之间的相互关系与相互影响作出合理的解释。(4)中国与

续表

学段	学业质量描述
7~9年级	世界的联系。如以近代中国为例，能够分析中国成为半殖民地半封建社会的外部原因和内部原因，理解民族独立和人民解放是近代中国的历史任务，认识捍卫国家主权和民族尊严是中华民族的优良传统；能够感悟五四精神、伟大建党精神、抗战精神等。（唯物史观、时空观念、史料实证、历史解释、家国情怀） 3.认识历史发展的基本规律和大趋势 　　能够在了解历史发展的重要史事和各种联系的基础上，简要说明不同历史时期的时代特征，进一步了解人类社会从低级到高级、从分散到整体的发展历程，初步把握中外历史发展的基本线索和规律，并在自己的叙述中加以体现。例如：能够通过了解中国古代历史发展的具体史实，了解统一多民族国家巩固和发展的重要历史意义；能够通过中国近代史上争取民族独立、人民解放的斗争历史，知道民族民主革命的艰巨性，认识没有中国共产党就没有新中国的道理，能够体认仁人志士为救国救民而英勇斗争的精神；能够通过我国改革开放以来各个领域取得的成就、家乡的巨大变化和综合国力的不断提高，增进爱祖国、爱家乡的情感，铸牢中华民族共同体意识，认同社会主义核心价值观，坚定中国特色社会主义道路自信、理论自信、制度自信和文化自信。（唯物史观、时空观念、史料实证、历史解释） 　　能够通过学习世界历史，了解世界文明的多元性、差异性及其发展的不平衡性，知道资本主义、社会主义和殖民地半殖民地民族解放运动的发展，了解世界历史的形成过程，初步具有国际视野和全球意识，初步理解和平与发展的时代主题，形成构建人类命运共同体的意识。（时空观念、史料实证、唯物史观、历史解释、家国情怀）

二、两个方法——预习和复习

新中考形势下，初中生学业压力较大，在科目多、任务重的情况下，科学、高效地学习就是每个学生都应努力追求的，历史学科的学习重点一定是在课堂上。如何提高历史课的课堂效率呢？

我始终坚信，最简单的方法最有效。预习和复习，应该是从我们读书时就反复强调的学习方法。我最希望我的学生学习历史时能坚持做到预习和复习。

古人云，凡事预则立，不预则废。这个预就是指要提前做好预习、做好准备。同一节课内容，如果你在课前能够花两三分钟的时间，熟悉课本，领略大纲，甚至能够提前思考这一课内容与前面所学内容的联系与关联，能够带着目的进入新的一课，学习效率也会大大提升。这两三分钟的预习一定会起到事半功倍的作用。

这也是从我们的生活中得出的道理，很多同学在假期会和家长外出旅行，在出发之前，一定会做的一件事就是"做攻略"：去看看别人做了什么，推荐了什么，这样你去到一个目的地时，能够更快地去看更值得一看的风景，吃到更有当地特色的美食。否则，漫无目的地逛，也很难让你的旅途精彩。

预习就是我们学习旅程的"攻略"，只有提前做了准备，你才能有的放矢，收获更美的风景。

子曰：温故而知新。子又曰：学而时习之，不亦乐乎。复习的好处与效果，我想不仅仅教育祖师孔子有感触，我们每一个人都知道。

历史学科更是一门需要及时复习的学科，学习历史就是让我们比较系统地了解过去发生的事、过去的人做了什么。而学习历史需要克服的最大问题就是遗忘。课堂上老师讲的内容你可能在下课的时候还记得，回到家做作业时可能就遗忘了一半，第二天在学习新的内容时，你可能已经遗忘了近80%。如何对抗遗忘，这需要及时复习。

最早研究"遗忘"的心理学家艾宾浩斯提出了著名的"艾宾浩斯遗忘曲线"，认为遗忘在学习之后立即开始，而且遗忘的进程并不是均匀的。最初遗忘速度很快，以后逐渐变得缓慢。

面对这一论断，我们的复习也要因时进行，可以尝试以下几种的复习方法：

在上完课合上课本的那一刻就可以用一分钟时间像过电影一样先把当节课内容过一遍。晚上做作业前再用一分钟时间回忆一遍上课老师强调的重点，不熟悉的、模糊的马上翻书查看，之后再开始做作业；做作业的过程中不要查书，全部做完以后再来查漏补缺。

到了周末，再有意识地回忆这一周老师讲了些什么内容，进行一轮有目的的复习，配合自己作业当中反馈回来的错题。这样的复习一定是高效的。

其实现在学生身上最大的问题就是缺乏思考，很多学习都是被动进行的。提起预习、复习，大家便把书拿出来，开始从头翻。往往开头部分学生已经很熟悉了，下次开始依然是从头开始翻，这样的学习肯定是低效的。

如果学生能化被动为主动，从预习开始，有意识地去思考自己的不足，在复习中，有针对性地提升自己的薄弱知识点，这样下去，进步一定是非常明显的。

三、三个法宝——教材、课程标准和考试说明

一直有学生和家长问我，是否需要购买一些历史参考书。针对这个问题，我的回答是，基本不需要。当前确实各科学习压力大，其实学生空闲下来的时间也不多。根据我多年的教学经验，学习历史一定要把握好学生手中的三样法宝。

第一样法宝，学生们都非常熟悉，那就是我们的教材。小学阶段没有开设历史课程，但是很多同学自己读过《上下五千年》《史记》等历史读物。对初中生而言，他们学习的重点就是教材。

目前全国统一使用统编版教材。统编版教材与之前使用的人教版相比,还是有很多突出之处的。比如,不再有正文大字、小字的区分,全部统一字号,更加清晰。增加的"问题思考""相关史事""材料研读""知识拓展""课后活动"等内容,除了让课文显得更加清晰明确,也增加了教材的层次性和区分度。换句话说,如果教材中的每一个问题学生都能做到游刃有余,应对中考那真的也是绰绰有余了。教材中选取的历史事件、对历史事件的语言描述也都是经过了层层审核的,抛开其考试价值不说,这也是学习历史不可多得的经典读物。所以,我们不仅要使用教材,更要用好教材。

第二样法宝是我们的课程标准。里面的内容跟我们的历史学习息息相关。课程标准是编写历史教材的依据,是教师教学的依据。面对教材内容,教师应该侧重于哪些重点,应该渗透什么思想,也都是通过课程标准来准备的。我刚参加工作时,我们历史教研员就建议每位历史老师人手一本课程标准,我同样也建议每个学生也人手一本,以此为纲。

第三样法宝就是考试说明。考试说明包含了所有中考学科和会考学科的考试说明。其中历史学科说明页数不多,但是内容非常充实。以往我们把更多的精力放在了考试内容和样题上,其实全部的内容都值得深挖和琢磨。

四、一双翅膀——阅读和画图(思维导图和年代尺)

如果说前三部分都是强调目标方向和基础的话,我想学习历史更应该有这样一双翅膀,通过阅读和画图让你的历史学习飞得更高、飞得更远。

一提到历史阅读，学生们总喜欢问读什么好。我的回答是，当然是读经典。而提起经典，学生们都希望能推荐一些书目。在这里我推荐林汉达的《上下五千年》、斯塔夫里阿诺斯的《全球通史》、司马迁的《史记》等经典史书。如果有些学生觉得阅读后两本书有困难，我也推荐《爸爸尼赫鲁写给我的世界史》《少年读史记》《希利尔讲给孩子的世界史》等。其实现在有一些漫画历史也写得很不错，比如陈磊的"半小时漫画历史系列"、洋洋兔的"中国历史地图系列"等。

除了阅读经典之外，一些经典的历史电影也有助于学生更好地了解历史、激发思考、引起共鸣。

阅读是输入，画图就是输出。输入多少带有一丝被动，那么输出一定是主动思考的结果。从2010年开始，我就鼓励学生绘制历史思维导图和年代尺。这两样东西都不是新鲜事物，相信大家也见过各式各样的思维导图和年代尺。我想，这些都不是重点，重点在于一定要动手去做。

千头万绪，不如落在行动上。学完一课、一个章节、一本书，学生都可以尝试用思维导图和年代尺来梳理所学，从简单开始、从基础开始，再逐渐丰富，步步深化，日积月累，历史学科的提升自然有目共睹。

家长指导

用最贴心的方式做孩子的精神引导者

涂南萍

你们到温（哥华）那天，正是十五，一路上看着新月初升直到圆时，谅来在船上不知蹭了多少次"江上何人初见月，江月何年初照人"了。我晚上在院子里徘徊，对着月想你们，也在这里唱起来，你们听见没有？

这是梁启超先生在几位子女外出留学时写给子女们的一封信中的内容。

无论多伟大的人物，面对自己孩子的时候，都会释放出心底最柔软的情感。写家书情感最真挚，因为所有的父母对子女都会有说不完的话，句句至真至切。

你们须知你爹爹是最富于情感的人，对于你们的爱情，十二分热烈。

这是任公在家书中表达父爱的方式。

亲爱的孩子，你走后第二天，就想写信，怕你嫌烦，也就罢了。可是没一天不想着你，每天清早六七点钟就醒，翻来覆去的睡不着，也说不出为什么。

这是傅雷给已成年且在外留学的傅聪的去信。父亲信中蕴含着深深的柔情、爱意。这样的交流，子女怎会不感动，怎会不放开心怀，与父母真情对话。

即使在父母子女之间，也有很多不好启齿的话题，此时文字就有无法代替的作用，两代人之间的隔阂很多是因为沟通不好而造成的。通过书信，父母把对子女的体贴、关心，把他们的一片苦心以简单但情深意切的方式表达出来，无疑是架起了更好的沟通桥梁。纵观优秀家书，无所不谈，面面俱到。

"夫君子之行，静以修身，俭以养德。非淡薄无以明志，非宁静无以致远。夫学须静也，才须学也，非学无以广才，非志无以成学。淫慢则不能励精，险躁则不能治性。年与时驰，意与日去，遂成枯落，多不接世，悲守穷庐，将复何及！"诸葛亮的《诫子书》现在读起来依然是荡气回肠。

梁启超给在外留学的思庄的信中写道："在专门学科之外，还要选一两样关于自己娱乐的学问，如音乐、文学、美术等。据你三哥说，你近来看文学书不少，甚好甚好。你本来有些音乐天才，能够用点功，叫他发荣滋长最好。姊姊来信说你因用功太过，不时有些病。你身子还好，我倒不十分担心，但做学问原不必太求猛进，像装罐头样子，塞得太多太急不见得便会受益。我方才教训你二哥，说那'优游涵饮，自之使得'，那两句话，你还要记着受用才好。"尊敬的各位家长，任公的这段话，对于我们教育子女，有什么启发？

傅雷的家书，很多都属于专业指导型的篇章。"出台行礼或谢幕，面部表情要温和，切勿像过去那样太严肃。这与群众情绪大有关系，应及时注意。只要不急，心里放平静些，表情自然会和缓。"这是傅雷对傅聪的叮嘱。

"凡人多望子孙为大官，余不愿为大官，但愿为读书明理之君子。勤俭自持，习劳习苦，可以处乐，可以处约。此君子也。"这是1856年9月29日曾国藩在教子书信中所写的一句话。曾氏一门，在近代史上人才辈出，担任大学教授的就有70余人。这些，都离不开曾国藩本人独特的教育方式——家书。

当下，许多成人已经很少动笔写字了。唯其如此，一笔一画写成的家书才会具有特殊的意义，才能打破父母与孩子的隔阂，架起沟通的虹桥。用好家书，做孩子最贴心的精神引导者。

父亲，别忘了您的"主业"

刘美芳

每次班级召开家长会，大部分都是学生妈妈参加，爸爸能参加的很少。很多时候，我要特别强调："这次爸爸必须参加，请爸爸尽量参加。"这时候，能到的学生爸爸就会多一些。不少学生的爸爸，直到中考毕业，我们都很少见过面。当我在家长会上强调父亲在孩子青春期的教育起着举足轻重的作用时，很多妈妈跟我说："麻烦刘老师跟我家爸爸谈谈，让他重视孩子的教育。"这就是当前普遍存在的所谓"丧偶"式的育儿现象。

习近平总书记指出，家庭是人生的第一所学校，家长是孩子的第一任老师。这个"家长"，父母双方缺一不可。有个全职妈妈曾经跟我诉苦，孩子爸爸责备她：你都全职带孩子，还没有把孩子带好！试问：妈妈全职带孩子，就可以代替爸爸的职责吗？答案当然是否定的。

家庭教育是人生的启蒙，而在忙碌的现实生活中，不少父亲为了给家人创造更好的物质生活条件，整天在外奔波，孩子的教育责任主要是落在妈妈身上。等问题发生后，父亲往往容易急躁，怪罪母亲，甚至采取一些粗暴、强硬的手段惩罚孩子，导致父子关系紧张。

那么，在现代家庭教育中，父亲角色对孩子到底有怎样的影响？他应该怎样更好地参与到家庭教育中来呢？

我想借用我先生的一句话——把孩子培养成才是天下每位父亲最要紧的人生事业，它在所有日常事务中永远排在第一位。是的，教育孩子，不仅仅是父亲的责任，更是父亲的"主业"。因为家庭教育从来都不是轻松的事，在追求成功的过程中，它不是要求回报，而是在过程中享受乐趣。我们把做父母看作是我们终生的事业，那我们抚养、教育孩子就是一种命运赐予的享受：享受与子女相处的时光，享受看着他们成长的乐趣。至于父亲如何经营好这份"主业"，我认为最重要的是"父亲格局的影响"以及"父亲的陪伴"。

一、父亲的格局，影响孩子一生

有三颗石榴种子，分别栽种到花盆、水缸和庭院空地里，在其他条件相同的环境下，花盆里的石榴最多长到半米多高，水缸里的石榴树可以长到一米多高，而空地里的石榴树则可以长到四五米高。

父亲的格局如同石榴的栽种环境，将决定孩子最初的人生格局。一个有大格局的父亲，站得高、看得远，会决定孩子最终能走多远。假如孩子问你：爸爸我为什么要读书？你怎么回答呢？是为了以后考上好大学，找到好工作？我觉得有格局的父亲应该这样回答：读书，是对自己、对父母负责，更是对社会和国家负责。从小培养孩子做人的责任感，在责任感的驱使下，孩子才会有恒心、有毅力去完成他的学业，才会在漫长的人生路上坚持到底。

那么，父亲怎样影响和培养孩子的格局呢？一是榜样示范。作为家庭的顶梁柱，作为一个男子汉，应该充分展现独有的精神气质，如担当、勇敢、吃苦、乐观、宽容、幽默、坚持等，尤其在日常的家庭生活中，要能让孩子们感受到这种精神滋养，努力成为孩子的榜样和偶像。二是充分借助个人在社会工作事业上的阅历，传递给孩子们正确的价值观、科学的思维方式，包括看待事物的眼光，处理事情的智慧。经年累月、潜移默化，孩子不仅能活出一个"你"，而且会青出于蓝而胜于蓝。三是多带孩子出游，视野可以成就格局。父亲再忙，也要抽出闲暇时间有计划地陪孩子去旅行。我班上有个很优秀的孩子，积极乐观、阳光大气，特别是写作的素材非常丰富。究其原因，她跟我说，只要有三天假，她爸爸就会带她和弟弟回老家，长假则去外地旅行。读万卷书，行万里路，的确意义重大。孩子的独立自主、独特见解、坚持与毅力等都可能在沿途形成。

二、父亲的陪伴，让孩子成长更顺畅

陪伴，是最好的教育。据调查，童年时期有父亲陪伴的孩子IQ（智力商数）指数更高，社交能力更强，同时孩子更有安全感，自信心更强。

曾经有一位优秀学生的爸爸，他是公司的老总，非常忙碌，但孩子的家长会，他总是能到。这位学生每次都是爸爸妈妈一起出席家长会。我特意邀请他给班级的爸爸们开讲座，分享育儿经。他说："生意要做好，孩子也要教育好。每次出差，到了晚上我一定会打电话给孩子，询问其当天的学习情况。每个周末，我必定陪孩子吃晚饭，开个家庭短会，交流彼此的见闻。家长会，再忙都要抽身参加，让孩子觉得我很重视。"他还说："绝对不把客人带回家。家里需要安静的环境给孩子学习，有客人，都在外面招待。"

在孩子的青春期，父亲这个比较权威的角色显得尤为重要。父亲更能理智地分析问题，让孩子从心底接受一些正确的观念和做法，跟孩子做朋友，尊重孩子，让他顺利地度过青春叛逆期。

俗话说："有其父必有其子。"希望天下父亲们，都积极努力扮演好自己的角色，在家庭教育上，与母亲形成一股合力，营造和谐的家庭氛围，让孩子幸福成长。

所以，爸爸们，千万别忘了您的"主业"，这是"父亲"称谓的第一要义，请您用心经营。

如何给予家长最暖心的指导

刘美芳

如何给予家长最暖心的指导,乍一看,都会觉得是老师指导家长,是的,遇到孩子教育的问题,我们首先请教的是班主任。但是家长那么多,班主任就一个,实在很难做到全面指导。其实每个班级都有热爱学习、比较懂家庭教育的家长,推荐他们做家长志愿者,那将让更多家庭受益。

什么是志愿者?不为任何物质报酬的情况下,能够主动承担社会责任、奉献个人时间和助人为乐的人。那么家长志愿者们,我在这里向你们致敬,你们具备优秀的品质,你们不仅自己热爱学习、重视教育,也希望能够帮助需要帮助的人。

这里我根据自己做班主任的经验先跟大家简单讲讲为什么我们要做家长志愿者,以及它能给孩子带来什么好处。

一、为什么做

首先我们建议别人做一件事,出发点是被别人所需要。有哲人说过,人生最大的需要,是被需要。社会需要你,你就有做不完的事业;他人需要你,你就有交不完的朋友;亲朋需要你,你就有享不尽的欢乐。被需要，是因为拥有独特的价值。这种价值，可以是一种能力，可以是一种担当，可以是一颗炽热而乐观的心。人生最大的幸福，不是需求满足，也不是精神快乐，而应该是价值体现。价值体现层面的幸福，才是终极的幸福，才是恒久的幸福。这告诉我们，被他人需要的确是一件恒久幸福的事。当然，我们帮助他人的时候，应该应他人之所需。

其次做家长志愿者，可以帮助自己家的孩子对父母建立崇拜感、自豪感，对班集体建立参与感。父母认真投入工作，就是最好的榜样。平时有家长开放日，或者班级有活动，家长来帮忙时，孩子的腰板都会挺得特别直，表现特别积极。特别是小学生，这种自豪感更强，这叫作爱的连接。

由于现在孩子生活条件从小就比较优越，缺少被需要的感觉。两点一线的生活让孩子对社会了解很少。怎样增强孩子的参与感呢？可以让孩子走出校园，找机会接触社会。像现在的"综评"就是希望孩子全面发展，能走出校园参观学习，或者服务于社会。这时可以通过家长的资源，组织校外拓展活动、义工活动等。家长志愿者在组织活动的过程中，也锻炼了孩子的组织能力和协调能力。

所以我想说，如果日后有机会，我也要做我女儿班上的家长志愿者！

二、怎么做

中国有句俗话："一岁看小，三岁看老，七岁定终生。"这在一定程度上反映了家庭教育对孩子的影响是终生的。是的，家庭是孩子在漫漫人生中汲取爱和力量的第一站，也是孩子人生的终生课堂，这是社会教育和学校教育无法替代的。

去年有一部反映校园欺凌主题的电影《少年的你》，追根问底，这些欺凌的孩子多少都有些性格上的缺陷，这些缺陷并非与生俱来，而是后天慢慢形成的，而后天性格的形成与我们原生家庭有着密不可分的关系。

美国心理学家哈里森说："帮助儿童的最佳途径是帮助父母。"对于别人的家庭，一般都不宜介入，那老师、家长志愿者怎么进行暖心的指导呢？

在这里我不敢说指导，重点说怎样做让家长暖心。心暖了，你说的话人家才听得进去、才管用。正所谓"良言一句三冬暖，恶语伤人六月寒"，说的就是这个道理吧。

我先提几个细节问题，首先是称呼。你平时怎么称呼学生家长的？比如有个孩子叫张三丰，"张三丰爸爸、张三丰妈妈"，还是"三丰爸爸、三丰妈妈"，显然，不带姓要亲切很多。还有如果知道孩子的小名叫阿毛，私下跟家长交流的时候，"阿毛爸爸、阿毛妈妈"，这样是不是更亲切了？家长一下就觉得你特别像一家人。家人说的话，不好听，也不会觉得不舒服，好听不好听，反正都觉得是为自己孩子好。

其次交流的时间最好是白天。白天交流不影响正常家庭生活，不影响睡眠质量。特别是探讨孩子存在的问题，如果晚上弄得睡不好，会影响第二天的工作。另外，没有太急的事情少打电话，留言即可。如果对方觉得打电话才能说清楚，那么他会打给你。

家长志愿者要帮助家长树立正确的教育思想。

第一，家庭教育的目的是什么？许多家长都会说："让孩子成功，有出息；为了让孩子有光鲜的职业，将来能挣大钱、做大官、成名成家。"于是孩子出生不久，就在各种各样的培训班中奔波。

家庭教育的目的究竟是什么？北京师范大学边玉芳教授说："家庭教育的目的应该是让孩子成人，为孩子一生的幸福奠基，为孩子储存下一生需要的内心资源。"

第二，有没有教育子女的金科玉律？可以说有，也可以说没有。由于第一次做父母，往往没有自己以往的经验可以借鉴，但心理学家已经有了大量的研究成果，不少家长也已经摸索出了成功经验供别人参考。孩子普遍性的成长规律和家庭教育的普遍性策略也可以说是教育子女的金科玉律。这就告诉我们搞好家庭教育，要多读书，多向他人学习。

家长志愿者要给予家长科学而具体的陪伴方法指导。

第一，得当的教育方法，才能顺水推舟。什么是得当？针对孩子的特点，选择适合的方式进行教育。目前，很多家庭还处于专制型的教育方式之下，就是停留在用简单粗暴的打孩子的方式来进行教育，这样可能短时间内是有效的，但长此以往，孩子变得脾气暴躁，缺乏自信，缺乏安全感，固执、冷漠、自私，这带来的问题跟成绩比起来哪个更重要？所以，权威型的教养方式比较受人推崇。民主、平等的作风，以身作则的行为，合理的奖惩，严与爱的结合，等等。有这些才能使家长教育子女的水平逐渐得到提高，才能让孩子成长的共同心愿得以实现。

第二，定期开家庭会议，营造和谐的家庭氛围。家庭会议一周一次比较合适，对于存在的问题在会议中提出来，大家一起商量合适的解决方案。比如假期商量制订计划表，这个很重要。每天活动计划表，具体到每个时间点做什么事，要注意劳逸结合，培养孩子多方面的兴趣爱好；要有奖惩制度，没有按计划进行，能补的要补，不能补的要有相应的惩罚，比如多做几轮仰卧起坐，多做几个俯卧撑，或者做家务。孩子学得认真，玩得尽兴，与家长的互动顺畅愉悦，这样每一天都是充实快乐的。

孩子要有一个月的复习计划表，可以是针对自己薄弱科目、薄弱知识点进行查漏补缺的学习计划，也可以是锻炼计划，一个月应该要有哪些方面的提升。有了正常的学校在线教学，外面机构报的线上教学就不要太频繁，让孩子自己进行知识的消化很重要，家长可以担当老师的角色，孩子复习完一个章节，可以进行重点知识的提问。文科的背诵，家长可以跟孩子一起背，看谁背得快，背诵完成后适当奖励，让这个学习的过程变得有趣一些。

这里要跟家长强调，童心不可无。即便是初中生，心理学的术语还处于断奶期，既想逃离父母，但实际上又离不开父母，心里还有天真幼稚的一面。父母富有童心，跟孩子玩些知识性的互动游戏，有利于拉近彼此的距离。比如读绕口令、玩脑筋急转弯、下棋等，都能让家庭气氛和谐一些。

第三，定期线上与家长互动，给予正面激励。对于家长的陪伴，老师、家长志愿者应该有针对性地了解不同孩子的父母陪伴情况。私下经过家长允许，可以选几个典型例子在班群进行表扬。

对于家庭教育本身做得很好的家长，我们可以号召大家向他们学习，可以邀请他们在家长会，或者家长们私下约出来进行聊天分享。但我们要勤于去指导的往往是缺乏自律性的孩子的家长。这一类孩子自律性差，学习成绩一般，但家长要有方法地去指导孩子。我们可以跟老师商量，出于共同学习、一起成长的目的，征得大家同意，把这些孩子的家长拉进一个群，经常分享好的做法给他们，同时给他们出主意。也可以家长自愿，一对一结对，孩子互助，家长也互助。大家可能觉得我这样太理想化了，大家都很忙，哪有那么多时间去管别人家的孩子？赠人玫瑰，手有余香。这句话的真谛在于助人的同时也在助自己。对家长来说，别人往往是镜子，能够警醒自己，说不定孩子毕业，自己也成长为家庭教育专家了。对孩子来说，帮助一个伙伴成长起来，自己就多了一个忠实的朋友。

接下来我要讲的是交流的方式。

第一个关键词是"平等"。人和人之间的平等，是精神上互相理解、互相尊重、不区别对待。

无论经济条件多么悬殊，面对家长我们都要做到四个字：不卑不亢。从当今社会来看，大国之外交也是如此，平等才有友谊，平等才有外交。作为老师，尽量平等对待每一个孩子，这样才能得到家长心理上的认可和信任。作为家长，谦虚平等地对待每一位家长，彼此才能成为朋友，彼此才能吐露心声。

我曾经遇到一个家长，非常热心班级的工作，也很乐意去帮助别人。但是她身上有一股傲气，觉得大家都要听她的。开学不久，我就收到几个家长对她表示不满的电话，一个说："这个家长太自以为是了，这么爱管事！"另一个家长说："我直接想把她拉黑了，怎么有这样的人！"这个例子也就是告诉我们热心也要讲究方式方法。后来我在家长会上，强调："热心家长很难得，我们要尊重她，如果方式不妥，可以直接提出来。"我私下也跟这位家长交流，不管自己出身多高贵，一定要保持平等、谦虚的态度，用智慧去帮助别人，不能高高在上，闷着头蛮干。否则，做公益，还得不到认可，心理上可不好受。

接下来第二个关键词是"尊重"。尊重的意思是敬重、重视。在以平等为前提的心理状态下，才有尊重。

第三个关键词"真诚"。真诚就是真心实意，坦诚相待，以从心底感动他人而最终获得他人的信任。清代有个学者有句话说得好，世间好看事尽有，好听话极多，唯求一"真"字难得。我们做的工作是个良心活，不敢说自己能有多高尚，但起码会跟家长、学生真诚相待。

第四个关键词"先扬后抑"。就像写评语，先写优点，再写不足。家长了解孩子班上其他同学的情况，一般从自己孩子口中得知，优点、缺点都要了解清楚，跟家长沟通的时候先肯定优点，再提出不足，接下来好好探讨解决的方案。

最后我想强调的第五个关键词是"换位思考"。换位思考就是设身处地地站在对方的角度思考问题。任何时候都要设身处地站在家长的角度思考问题。当自己为人父母之后，才能真正明白家庭教育的不容易。那作为家长志愿者，每个人有自己的经历，有自己的隐私，我们没必要深究，也不要在孩子面前去评论别人的家庭。我们设身处地，站在对方角度思考问题，这样心态就会平和一些。所以老师和家长志愿者都不要随便责备，应该站在父母统一战线上去解决问题。

疫情防控期间如何给家长适当的指导

胡永宁

新冠疫情当前，学校无法开学，学生不能到校上课。响应国家"停课不停学"的号召，学校开始了网络课堂，老师也被逼成了主播，给学生上起了网络课。老师们虽对新事物充满焦虑，但一向爱学习的他们，很快便对主播行业熟悉起来了。但学生的情况却没那么容易让家长们放心，孩子们在家用电子产品上课，究竟有没有认真听、认真学，这让老师们担心，更让家长们揪心，为了让孩子们能够在家按要求好好地上网课，老师需要对家长进行必要的指导。

我担任初三年级的班主任，孩子们面临着6月的中考，时间紧迫，家长看着时间一天天过去，可孩子仍没有完全进入到学习状态中，而家长自己对孩子的指导或是督促却不太有效，所以有部分家长非常焦虑。

如何引导孩子网上学习，指导家长对孩子进行有效管理，使孩子在家上网课的效果跟在校上课的效果无差别，作为班主任，我看了很多疫情时期如何指导孩子网络学习的相关文章，就如何给予家长指导有了一定的认识。

疫情严重，家长肯定是非常担心一家人的安全，尤其是孩子的安全，即使天天待在家里，大人小孩都不外出，但看到铺天盖地的关于疫情的报道，家长也肯定会惶恐、焦虑，担心自己和孩子是否会感染。作为老师，对家长的这种焦虑是非常理解、感同身受。因此，帮助家长管理好孩子在家的网络学习，是非常重要也是必要的。以下是我的一些具体做法。

首先，帮助家长调节好情绪。因疫情的各类报道，那么情绪有波动或是有很大变化都是有可能的，但家长的不良情绪会影响家庭成员，尤其是影响孩子。而开始在网上上课，孩子也就有了学习上的压力，如果作为家长，一直是这种情绪，那肯定影响孩子上课。所以我指出家长不要看太多的疫情报道，只看正规渠道的官方发布的消息，不要去看那些小道消息，不要相信谣言，看了疫情报道不要往坏处想，否则越想越怕，越怕就越焦虑。要相信现代医学，病毒可怕，但是一定可以战胜它，要多看正能量的报道，要想方设法从医务人员的高尚行为中寻找力量。家长一定要通过多种方法使自己有平和、良好的情绪，再以这种情绪去影响、管理孩子，使孩子切身体会到家人的关怀和照顾。

其次，指导家长如何安抚孩子的情绪。初中的孩子正处在精力旺盛的青春期，天天待在家对孩子们来说更是烦躁、郁闷，孩子们的情绪尤其容易起伏不定，所以我指导家长不但要调节好自己的情绪，还要调节好孩子的情绪。孩子拥有好情绪，学习才有好状态，学习效率才会高。如何才能调节好孩子的情绪，那就是家长在管教孩子时要注意方式方法，不能只一味地说教，有什么要求，要开诚布公地跟孩子交流，倾听孩子的心声。不要总是责怪孩子不听话、不懂事，不要用"不行、不能、不要"等词命令孩子，而要用商量的词语跟孩子交流,如"你看怎么样、你觉得对不对……"等句式跟孩子沟通,俗话说:"良言一句三冬暖,恶语伤人六月寒。"在这个受疫情严重影响的时期,用良言使孩子心暖,用倾听使孩子快乐,从而使孩子在学习时有良好状态,有高效率。

第三,指导家长应对孩子光明正大用电子产品的问题。上网课时,孩子全天用电子产品,而稍不自觉就玩起游戏、社交软件了。对此,我跟家长强调,要有原则、不急不躁地严格要求,对孩子要晓之以理、导之以行,千万急不得。家长要提醒孩子按课程表时间作息,督促孩子要按时学习、休息、娱乐,有意识、有方法地培养孩子的自律习惯。有的孩子仍在叛逆期,对父母的话一言不合就发火,这时父母可不要针锋相对。父母要懂得跟孩子耍太极,你想惹我急我偏不急,我就慢慢来,收起手机或平板电脑,关好电脑,心平气和地跟孩子摆事实、讲道理。家长要让孩子知道,网络学习会蹦出一批黑马,但也会淘汰一批白马,父母希望孩子要学会自律,你能自律,那你就是那匹蹦出来的黑马,你的实力就会不断地提高。父母要持续地给孩子鼓励,使孩子自觉地用电子产品来学习而不是玩。

第四,引导家长做孩子的榜样。疫情防控期间,不能外出,很多人就手机不离手。家长要求孩子不能总是玩手机,如果家长自己手机不离手,那肯定会令孩子反感,就可能导致双方互不相让,那矛盾肯定会爆发。所以家长自己要做好榜样,尽量少看手机,即使看手机,主要也是看些疫情播报,或是正能量的文章,并读给孩子听,让孩子知道相关情况,也让孩子知道父母不是乱看。

第五,创设良好的家庭氛围。家里运动场地有限,但作为家长,就得想办法,这也是做榜样——遇到困难就要想办法解决,比如像网络视频里的，拿饭桌当乒乓球台打乒乓球，跳健美操，等等。作为父母，要尽量创造条件让全家快乐，创设良好的家庭氛围，使孩子在良好的家庭气氛中，培养坚强、积极、乐观向上的精神品格。

最后，建议家长和孩子一起看书、读名著。初中要求学生看《海底两万里》《昆虫记》等，父母和孩子一起看，既完成了任务，又在共同阅读中增强了交流、沟通。通过阅读名著，父母与孩子一起汲取知识，增长力量，提升人文素养，一起成长。病毒无情，人间有爱，做尽责的父母，跟孩子斗智斗勇，做聪明有方法的父母，与孩子一起学习、成长！

愿家长们，相信自己，做得更好。

家长怎么配合老师

罗燕惠

高尔基曾说过,爱孩子这是老母鸡都会做的事,但要善于教育他们,这就是国家的一件大事了,这需要才能和渊博的生活知识。作为教育的两大主力军,家长与学校配合得越好,教育就会越成功。凡是家长不与学校配合的,大部分结果都是悲剧。家长和老师是同盟,家长望子成龙,老师希望桃李芬芳,家长和老师能否有效配合,直接影响着教育的效果。家长如何有效配合学校老师呢?总结如下四点做法。

一、了解学校理念,支持老师工作

选了一所学校,就是选了孩子的发展未来,家长要接受老师对孩子评价的差异,也要尊重老师本身存在的差异,遇到事情要加强沟通。与老师沟通时,要对老师报以充分的信任,无论是家长主动找的老师还是被动找的,在沟通的过程中,家长都应该充分信赖老师。老师的出发点都是希望教育好孩子。

小悦是初一新生,开学第一天早上放学后,小悦就跑回家委屈地大哭,原因是班主任突然把小悦调到了教室最后一个座位,同桌还是个男生。小悦家长看孩子哭得委屈,二话不说,在中午休息时间打电话给班主任质问情况，了解一番后才知道，原来是因为这个男孩子原来的同桌爱找他讲话，影响到周围同学的上课，所以班主任为了班级，把懂事乖巧的小悦临时换过去。都是小事，沟通不足却容易引起误会。因此，遇到事情不要急，而要在信任的基础上去加强了解和沟通。家长与老师沟通，需要互相体谅，以达到让孩子进步的目的。家长千万别让老师有这样的错觉：出现了问题，就怪老师，或者把孩子交给老师，家长就完全不管不问了。

二、遵守家校要求，教育合力共赢

天生比较自律的孩子有，高度自律的却很少。作为家长，要同步关注学校的信息，了解学校的要求，知道学校是如何组织教学的。唯有了解，才有可能帮扶。这并不是要求家长大包大揽，而是从旁观察，做好补台的准备，必要的时候提醒监督。

小宇是初二的一名同学，成绩中等，最大的特点是做事情不主动、丢三落四。在一次大考中，孩子做完试卷就塞书包里去了，忘记交给监考老师。晚上回到家才发现。小宇家长于是很着急地打来电话求情，说孩子很努力学这门科目，希望考个好看的分数。如果这次没有分数会影响孩子接下去学习的动力，希望老师给孩子一次补救的机会。作为家长，需要先表达充分理解孩子焦急的心情，但更应该跟孩子强调，学校的要求都是统一的，需要遵守，而不是计较一两次的分数。这次忘记交卷了，下次引以为戒，并不忘鼓励孩子要有不气馁的决心。以后孩子做事情就会更加细心、更有原则。

三、做"成长型父母",家长好好学习,孩子天天向上

家长一方面要尊重学校、尊重老师,另一方面要有适合自己孩子的一套教育方法。家庭教育最主要的任务是培养孩子良好的人格和习惯。经常有家长跟老师哭诉,他家小孩在上初中之前很乖巧懂事,上了初中之后叛逆得不行。实际上冰冻三尺非一日之寒,初中后爆发的问题,小学就一直在积累了。这就要求家长多学习,了解孩子的身心发展规律,了解每个时期的不同任务。比如孩子上小学之前,重要他人是父母,这时候家长要多陪伴,加强"亲情资本"。小学时期的重要他人是老师,家长尊师重教,孩子也会觉得老师和学习这件事情很神圣。初中之后的重要他人是同学,这时候的父母应该少啰唆,多鼓励支持孩子。孩子12岁是一个重要节点,12岁之前没有管好,12岁之后才开始介入想管孩子,孩子已经不信赖你了。家长好好学习,孩子天天向上。《如何说孩子才会听,怎么听孩子才肯说》《正面管教》《真希望我父母读过这本书》这些都是家庭教育中父母该读的教育书籍。此外,听书软件里面有大量的育儿资源,都是值得父母们抽空好好学习了解的。父母加深了解孩子的身心发展规律,能够配合好学校的工作,达到事半功倍的教育效果。

四、爱生活,做孩子的人生领航人

学校教育越来越提倡以人为本,先成人再成才。成绩是第二位的,把孩子培养成为一个身心健康、积极向上的快乐的人是第一位的。父母是孩子的第一任教师,要想教育好自己的孩子,父母首先要端正自己的行为,做事要踏踏实实,说话要信守承诺。身教重于言教。只有家长以身作则,孩子才能心悦诚服。如果要求孩子诚实,而

自己却经常出尔反尔，试想，这样的家长对孩子的教育有作用吗？家长时常清空家里多余的物资，孩子做事情就更加有条理。家长对生活饱含热情，孩子就会对生活持有好奇心。家长永远做孩子的后盾和依靠，孩子就会有安全感，就会敢拼敢闯。总而言之，家长把自己的人生路走好、走精彩了，孩子就会朝着你这个领航人大步奔跑过去，做一个对社会、对国家有用的人。

总之，家校合作是一门综合性的艺术，涉及面很广，有待家长们和老师们坚持不懈地探索。

青春期孩子过度爱美，家长可以怎么做

张嘉旎

家有青春期的孩子，家长们往往会发现原本对衣着打扮不在意的孩子，开始对自己的体貌格外地注意，对发型、衣着也开始用心琢磨。男孩子对学校要求剪的发型标准有所抗拒，女孩子想要化妆和戴首饰，等等。这说明，孩子出现了青春期的爱美心理。

从青春期早期的心理特点看，女孩子爱美、爱打扮，男孩子耍帅装酷都属于正常现象。孩子自十一二岁开始进入青春期早期，面临自我意识的第二次飞跃，出现强烈的自我关注，主要表现为关注自己的形象，强烈渴望了解自己的体貌，并喜欢在镜中研究自己的相貌、体态。另外，孩子爱美心理的出现，也是孩子渴望关注、期待被爱的表现。

爱美本身是好事情，说明孩子热爱生活、拥有激情，孩子的内在状态是积极的。只是，在青春期遇到繁重的学习任务时，看到自己孩子过度地爱美，家长往往会恐慌、焦虑、不知所措，甚至无奈。家长产生这种焦虑情绪的主要原因有以下三点：

一是担心孩子过度爱美会分散学习的注意力，浪费时间，影响学习成绩。

二是担心孩子过度爱美，是想吸引异性的关注。担心这是早恋的迹象。

三是我们知道孩子爱美是孩子长大的一个象征，但是看着他们渐渐长成大人的样子，家长往往会有隐隐的不安感和被抛弃感。

所以说，孩子和父母之间的矛盾，是孩子追求自主、独立、多样生活的需求和父母眼里只有学习的矛盾。虽然爱美本身是好事情，但是，青春期的孩子往往把握不到爱美和学业的平衡点，这就常常导致我们常见孩子成绩滑坡，过度追求标新立异，甚至是病态美。面对这种情况，作为家长，除了焦虑、恐慌，我们还能做什么呢？

一、各美其美——拥抱不完美的自己

1.正视问题——引导孩子悦纳自我

很多孩子的爱美往往体现在追求潮流，模仿当红的明星、网红的装扮，他们认为这就是美，甚至追求一些特殊装扮，他们很多时候只是想证明自己的独特。这个过程，是他们寻求自我的过程。在这个过程中，当男孩子发现自己不够高大帅气，女孩子发现自己的相貌不够漂亮、身材不够好时，他们的心理就会受影响，有的孩子因此自卑，甚至对生活感到绝望。如果出现这种情况，作为家长，我们首先需要拥抱孩子，并告诉孩子："我们无法决定别人的想法以及行为，但是我们可以学着感受自己、悦纳自己。不管我们的外貌如何以及体形如何，这都是独一无二的自己。只要能做到感受自己的身体，接受当下的状态，我们就走上了悦纳自己的第一步。"

有些家长面对孩子的这类问题，选择强势地说服："外貌不重要，内在美才是真的美，把爱美的时间花在学习上，学习好了，同学们自然就会关注和喜欢你了。"其实，这种说服的作用往往非常有限，因为孩子觉得这些话太抽象了，孩子没有获得理解，情感得不到支持，甚至厌烦家长将所有的问题都要和学业混为一谈。甚至有些父母选择性屏蔽，对孩子说："你在爸爸妈妈心中永远是最美的。"诚然，对于大多数父母来说，自己的孩子的确是最美的。但是，过度的夸赞就会让孩子觉得家长不真诚，甚至觉得家长在敷衍和欺骗自己，这样就会给孩子带来更深的困扰，他们会认为自己是真的很糟糕。所以，我们首先要和孩子一起，正视问题，理解他们的感受，并给予他们情感的支持。再结合他们这个年龄段的认知，让他们学会悦纳自己，拥抱不完美的自己。

另外，我们可以结合孩子的阅读积累，让孩子得到更多的肯定以及情感支持。如和他们聊聊美国的海伦·凯勒的事迹，海伦在不幸被夺去视力和听力的情况下，完成了14本巨著，并致力于为残疾人造福，建立了许多慈善机构。这样的人生，不美吗？如果海伦·凯勒不接受自我、悦纳自我，就很难有这些人生的高光时刻。又如《简·爱》当中的简·爱，她出生卑微，相貌平平，但是她并不因此自卑，她对自己的命运、价值、地位的思考和努力的把握，对自己的思想和人格有着理性的认识，对自己的幸福和情感有着坚定的追求，展现出她自尊、自重、自立、自强的形象。

事实上，人们并不会记得居里夫人的样子，但人们记住她发明的镭，现在的人们连苏轼长什么样子也不知道，但是我们都记住了"人有悲欢离合，月有阴晴圆缺"。从孩子既有的积累中深入孩子的内心，并与之探讨，让孩子感知，我们每个人都不是完美的，我们正视自己的不完美，拥抱自己的不完美，悦纳自己，才能让孩子淡化对外貌的过度追逐，并把精力和时间用于提升自己的内在美。

2.发挥优点——帮助孩子建立自信心

孩子喜欢打扮，本质上是一种自我认知和社交的行为，在他们的认知范畴里，打扮得越像公众媒体中的偶像、明星，他们就会认为越能够得到同龄人的喜爱和羡慕。而过度打扮的行为，所折射出来的往往是对自我认识不够并缺乏自信心。

作为家长，我们首先应反思在日常与孩子的沟通过程中，是否忽略了孩子的情感需求，是否比较吝啬肯定以及赞赏的语言。其次，孩子过度打扮也是想进一步得到同伴的肯定。

在悦纳自己的基础上，家长应帮助孩子挖掘自身的优点，并在此基础上帮助孩子进一步发挥自己的优势，让孩子能在自己擅长、具有优势的领域得到更多的肯定，进而建立和增强孩子的自信心。如果孩子在唱歌上有天赋，家长可以肯定孩子，并尽可能地给孩子创设条件。如给孩子报唱歌的兴趣班，让孩子得到更专业的、更有针对性的辅导，并鼓励孩子参加学校的合唱队，参与学校的文艺活动。在这个过程当中，孩子能在自己擅长并且具有优势的方面得到更好的发扬和发展，也能让孩子感知学习并不是生活的全部，每个人都有自己的优势。这个过程既增强了孩子的自信心，也让他们渴求被关注和肯定的心灵得到了满足。魅力高的孩子，在任何领域都能够被别人接纳、被别人欣赏和喜欢。这样的孩子学习也不会差，因为在学习上，他们依旧想获得那种被欣赏的成就感。

二、美人之美——引领孩子养成正确的审美观

1.学会正确欣赏他人的美

人的一生都会处在一种对美丽的探索里，对于青春期的孩子来说，他们对美的定义往往会比较狭窄，过多地关注样貌和服饰上的美，而他们又恰巧处于爱模仿的时期，所以，他们往往会将自己的偶像当作自己的模仿对象，尤其将关注点放在其外貌和服饰上。这无可厚非，但是当孩子要穿破洞牛仔裤、穿过分暴露的衣服时，作为家长，就要采取恰当的方式进行正确的引导，不能听之任之、让孩子盲目时尚。家长更多的是需要引导孩子去欣赏他人的内在美，家长不应不分青红皂白就去打压和压制孩子，而更应该以平等沟通的方式去引领孩子看到偶像的内在美。让孩子明白美的内涵和真谛，明白外貌不是全部，一个内外兼修的人才是真正美的人。

2.挖掘美背后的内涵

在孩子对美过度关注的时候，作为家长，不妨带着孩子一起去挖掘美背后的东西。例如，拥有一个健壮的身材，是需要持之以恒地锻炼的，这需要高度的自控力和自制力。美只是表象，美的背后所蕴含的正能量、积极的品质，才是值得家长带着孩子去挖掘的。而这些积极品质的习得，对孩子的成长是有很大的促进作用的。

我们常说，三人行，必有我师焉。引领孩子养成正确的审美观，正确地欣赏他人的美，才能更好地完善自己，让自己变得更美。

三、美美与共——做孩子的形象顾问

1.父母和孩子——一起变美

与其焦虑青春期的孩子过度爱美，不如花时间和孩子一起提高审

美意识。可以这样说，父母越会打扮，孩子越自信；父母身材保持得越好，孩子越自豪。父母只有对自己外在有要求，才能对孩子的外在做正确的引导。在生活中，在对房间布局、读书、写字、绘画等的审美过程中，都需要父母的审美意识。父母只有自己不断提高内心的修养和审美水平，才能源源不断地输出美的感官。孩子在潜移默化中，自然会形成对美的正确态度。

2.因势利导——不压制，多行动

一些孩子因为相貌和身材不自信，总说要减肥，常常采取一些极端的方式来达到自己的目的，比如，中午只吃一点饭，晚上基本不吃。这个时候，很多家长易犯的错误是给孩子讲一堆大道理，甚至责骂，希望孩子能改变主意，多吃点饭。然而事实证明，这些方法都行不通，比较可行的办法是，家长先认可孩子的减肥想法，和孩子讨论和完善减肥计划，然后积极帮助孩子实施减肥行动。例如，对孩子饮食进行科学的营养搭配，督促并和孩子一起多参加体育锻炼，和孩子讨论健康减肥、安全减肥的办法，对孩子的减肥过程加以科学引导和有效监控，从而给孩子灌输正确的减肥观念。

3.重视美商——让孩子感受更多的美

美商，全称美丽商数，并不是指一个人的漂亮程度，而是一个人对自身形象的关注程度，对美学和美感的理解力。美学家蒋勋说过："活得像个人，才会看到美，你看到了美，才会觉得这个世界是值得活下去的，如果你看到的是知识、金钱、物质、升职、权力，那么你将无法欣赏到老天无条件提供给你的蓝天白云、绿木繁花……"美商高的人，才会看到生活中的种种美好，才能由衷地去体会生活中的各种美好，当自我和外界达到和谐时，生活的幸福感也会提高。

总之，当遇到青春期过度爱美的孩子时，我们要真正地从内心去支持孩子变美的需求，不压制、不责骂，和他们站在一起，一起接受美的洗礼。我们也不妨把这个当作是促进亲子关系的一个契机，一个让彼此成为更美好的自己的契机，何乐而不为呢？